高效培养
孩子的社会能力

· 正面管教 · 精准沟通 · 终身陪伴

周贤 ◎ 著

文汇出版社

图书在版编目 (CIP) 数据

高效培养孩子的社会能力 / 周贤著. — 上海：文汇出版社, 2020.8
ISBN 978-7-5496-3261-9

Ⅰ. ①高… Ⅱ. ①周… Ⅲ. ①家庭教育 Ⅳ. ①G78

中国版本图书馆 CIP 数据核字 (2020) 第 120335 号

高效培养孩子的社会能力

著　　者 / 周　贤
责任编辑 / 戴　铮
装帧设计 / 末末美书

出版发行 / 文汇出版社
　　　　　 上海市威海路 755 号
　　　　　 （邮政编码：200041）

经　　销 / 全国新华书店
印　　制 / 三河市龙林印务有限公司
版　　次 / 2020 年 9 月第 1 版
印　　次 / 2020 年 9 月第 1 次印刷
开　　本 / 880×1230　1/32
字　　数 / 120 千字
印　　张 / 7.5

书　　号 / ISBN 978-7-5496-3261-9
定　　价 / 38.00 元

序 言

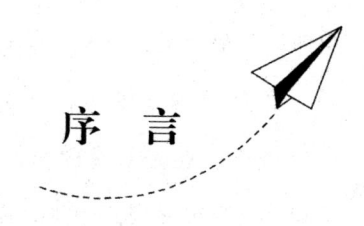

每次逛超市的时候,只要是在玩具区,十次里面我总有那么四五次机会观看父母跟孩子的辩论赛。

"我要这个!"

"不是上次给你买了一个了吗?不买!"

"不行,我就想要这个,这跟上次的不一样!"

"你这孩子怎么说话不听呢,是不是欠揍啊?"

"哇——"

但凡号哭不止的小孩子旁边,总是站着个手忙脚乱、急赤白脸的家长。

孩子闹,家长也烦,因为一件玩具就能吵一天。

思来想去,问题还是在"说话不听"上。父母觉得是在跟孩子讲道理,可他不听怎么办,话说了一箩筐,一点儿都不往心里放;孩子却觉得爸妈说的话,一句都没到点子上。

这是父母和孩子之间的心理期待与沟通目标没有挂钩,也是"鸡同鸭讲"的问题来源。沟通出了问题,就像把两人之间的桥梁阻断,怎么也走不到对方心里去,自然达不到"一拍即合"的效果，只能白费时间。

高效的沟通方式，能加快培养孩子的社会能力。工作讲究效率，生活讲究效率，育儿也是如此，把握住孩子的心理期待，精准说到点子上，你就能快速完成自己的沟通目标。孩子轻松，家长也愉快，何乐而不为？

高效不是偷懒，而是把粗放的教育过程精准化、高效化。真正检视自己为什么不够高效时，你才会发现平时的问题——

你在沟通的时候，能跟孩子好好说话吗？他的需要，你都听懂了吗？

为什么控制不住自己的火气？都说防患于未然，发脾气这事能不能给自己"打疫苗"？

同理心是什么，是理解孩子在想什么，还是尽管不理解却仍然能保持尊重？

高效管教是正面的，用一种温和有力的方式教导孩子，孩子不仅能从教育内容中学到道理，也会借由父母的教育方式来加强沟通。精准的教育不走弯路，给他想要的，孩子就能理解和配合，"懂事"二字，关键不正在"懂"上吗？

懂孩子，让孩子懂父母，教育自然更高效。

目 录
Contents

◎ 第一章

高效沟通第一课：学会好好说话

☆ 有责任：孩子，你不负责的样子很难看 / 002
☆ 领导力：别在该放手的时候选择包办 / 007
☆ 执行力：习惯"命令"，只会得到盲从 / 012
☆ 能选择：抛弃自以为然，尊重孩子的选择 / 017
☆ 决策力：高效说服力，不吼不叫培养孩子 / 022
☆ 说服力：父母如何说，孩子才会听 / 027
☆ 懂礼仪：父母有礼貌，儿女才有好家教 / 032

◎ 第二章

正面管教，别跟孩子发脾气

☆ 影响力：不用主观印象评判你的孩子 / 038
☆ 高情商：所谓情商高，就是对孩子好好说话 / 042
☆ 好情绪：父母有好情绪，才能好好说话 / 047

☆ 合理性：生气是拿孩子的错误惩罚自己 / 052

☆ 会理解：做错事的孩子，不等于是坏孩子 / 056

☆ 找方法：让孩子知道自己错在哪里 / 062

◎ 第三章
引导情绪，高效提升孩子的情商

☆ 会表达：会表达坏情绪，才不会闹情绪 / 068

☆ 懂体会：正面引导，教孩子体会情绪 / 072

☆ 去沟通：教孩子正确倾诉喜怒哀乐 / 076

☆ 时间表：你跟孩子交流的时间够了吗 / 081

☆ 能克制：正面解读儿童情绪心理学 / 085

☆ 自信心：给孩子自己处理情绪的机会 / 089

☆ 高培养：避免走入低效沟通的怪圈 / 092

◎ 第四章
有同理心，才会懂孩子

☆ 思维力：最好的教育，是你懂我知 / 098

☆ 同理心：聪明的父母懂得"换位思考" / 103

☆ 站对位：高效管教，不要站在孩子的对立面 / 107

☆ 接受度："为你好"有时并不好 / 111

☆ 倾诉欲：不要捂着孩子的嘴巴 / 116

☆ 不唠叨：言简意赅，说话才有分量 / 121

◎ 第五章

正面管教，少不了鼓励和批评

☆ 去鼓励：用"正面管教"鼓励孩子 / 126

☆ 自尊心：宁可选择骄傲，也不要拥抱自卑 / 132

☆ 认同感：你的孩子也是"别人家的孩子" / 136

☆ 不放任：该批评时就批评，不要放任坏习惯 / 142

☆ 安全感：挫折教育，呵护孩子的自信 / 146

☆ 不功利：别要求孩子必须优秀 / 151

◎ 第六章

孩子，你不必活成我想要的样子

☆ 懂尊重：高效教育，就是懂得尊重孩子的梦想 / 158

☆ 自律力：父母的要求应该"少而精" / 163

☆ 原则性：把家庭教育当成一门事业 / 168

☆ 不盲从：别用"爱"的名义去指挥和捆绑孩子 / 172

☆ 创造力：让孩子大胆地接触新鲜事物 / 177

☆ 主动性：为孩子塑造主动发展的无限空间 / 182

☆ 学习力：跟孩子一起学习和成长 / 188

◎ 第七章
教孩子学会拒绝，就是最好的保护

☆ 不委屈：学会说"不"，快速提升社交能力 / 194

☆ 识行为：面对他人的恶意，有效保护自己 / 200

☆ 懂逆商：孩子被别人拒绝了怎么办 / 206

☆ 开拓力：情商高，就是懂得拒绝 / 213

☆ 去信任：引导孩子，关注和保护自我诉求 / 218

☆ 深陪伴：高效陪伴，保护孩子的质疑精神 / 223

第一章

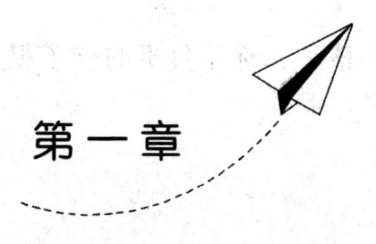

高效沟通第一课：
学会好好说话

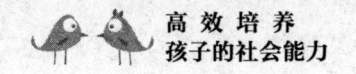

☆ 有责任：孩子，你不负责的样子很难看

相信做父母的都想让孩子成为有责任心的人。

具备责任感，是一个人成熟的标志，更是一个孩子美好品德的基础，在"责任"的地基上，孩子才能更好地建造名为"诚实""担当""坚持""合作"的辉煌大厦。

如何培养责任心？让孩子成为"负责人"是很重要的，只有当他意识到事情是属于自己的职责、需要自己做，他才能摆脱父母羽翼的庇护，建立健全的人格。

信任，放手，是建立责任感的重要一步。

根据 2017 年，对部分城市家庭儿童权利保护状态的调查研究结果，家长对孩子在家庭的参与权重视度相对往年有所提升，但仍然处于较低的水平，很多家长仍然忽视了孩子的表达权和决策权。

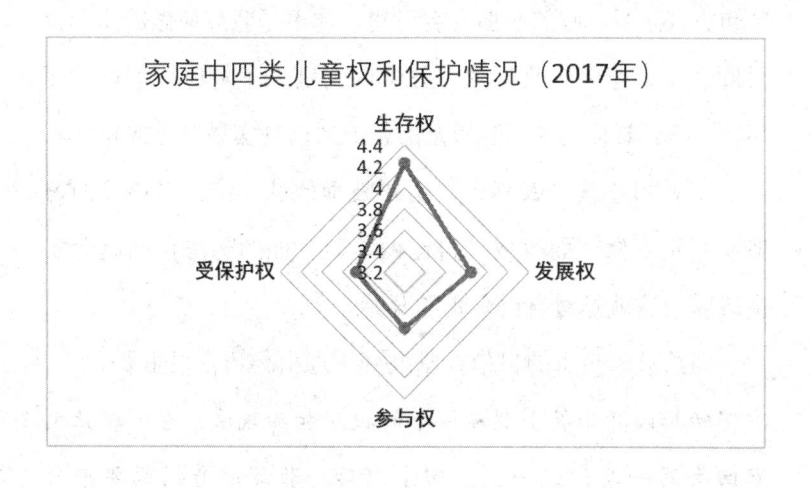

家庭中四类儿童权利保护情况（2017年）

生存权
4.4
4.2
4
3.8
3.6
3.4
3.2

受保护权　　　　发展权

参与权

豆豆妈妈对孩子看得特别严，因为豆豆是早产儿，从小身体就很弱，一家人因此更加宠溺他。豆豆都三岁半上幼儿园了，每天妈妈还要给他穿衣服、帮他收拾玩具，跟在他屁股后面做事。

在幼儿园待了几天，豆豆就哭着要回家，妈妈实在没办法，只好劝他："乖啊，豆豆，你是大孩子了，在幼儿园跟小朋友们一起玩儿不好吗？"

豆豆委屈地摇头，说："幼儿园的小朋友不帮我收拾玩具，老师也不给我穿衣服，我不喜欢幼儿园。"

妈妈这才意识到，豆豆已经到了应该自己做这些事的年龄。

让孩子自己学穿衣服只是一件小事，很多父母因为觉得这是大人随手就能做、小孩却很麻烦的事情，所以习惯替孩子包办。于是，有的小朋友会觉得"这不是我应该做的事"，时间久了，意识一旦形成，他会因为别人不对他"负责"而不满，感到难以接受，但却无法意识到这其实是自己的责任。

不要担心孩子做不到，而要鼓励他试一试。当孩子的习惯从"别人做"而改成"自己做"时，他的想法自然就会发生改变，这就是对自己负责的开始。

而给孩子负责的自信，掌握好沟通引导语言很重要。

幼儿园开始教小朋友简单的数字和加减法，老师还让大家回去写一写、试一试。回家以后，菲菲缠着妈妈要帮自己写。

"这是你的作业呀，菲菲，你应该自己做。"妈妈耐心地跟菲菲讲。

菲菲扭捏了半天，突然像是要哭了："可是妈妈，我学不会，你帮我做吧！"

宠爱孩子的姥姥看到了，生怕菲菲哭，赶紧过来说："姥姥帮你做，哎呀，多简单，看姥姥的。"

妈妈拦住了姥姥，坚持要菲菲亲自做，又对她说："你试一试再说，妈妈以前像你这么大的时候也不会这些呢，但是学了就会了。咱们菲菲是个很聪明的孩子，试试吧，一点儿都不难。"

菲菲听到妈妈以前也不会，得到了安慰，加上妈妈夸自己聪明，她觉得受到了信任，就愿意尝试了。

用语言给孩子信任，让孩子增强尝试的信心，可以帮助他更快地学会处理自己的事情，建立责任感。当然，责任感除了会让孩子对自己负责之外，也会让他对别人的困难感兴趣，并愿意跟别人一起承担责任、帮助他人，但这一切都源于对自己负责的基础。

好好说话，好好沟通，你的孩子也能成为负责的小朋友。

【高效培养要点】

方法一：不要用命令的语气要求，也不要给予奖励。

要孩子建立责任感，应该是孩子主动接受，培养他自发去做的习惯。所以在一开始，一定要给孩子在语言上灌输一个概念："这是你自己的事情。"

千万不要用强迫的语气去命令，比如在孩子培养习惯前期，当他产生抗拒心理时，不能说"妈妈让你去怎样做""爸爸说了，你应该这样做"之类的话，这会让孩子觉得，他在做不属于自己的事，是在替父母完成任务，就会产生逆反心态，或者不情不愿地去完成。

这就失去了主动性。

而完成任务不应该有奖励，这一点似乎跟许多传统的教育说法不一样。当孩子完成了分内的事情时，为什么要给予

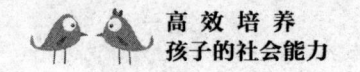

奖励？当你给予了奖励，这件事的性质就从"为自己而做"变成了"为父母而做"，孩子会期盼着再次得到奖励，他将永远无法培养真正良好的责任感。

方法二：信任孩子，并在语言中表达。

"我相信你"这句话，很多父母并不经常说出口，这并不是因为不爱孩子，而只是因为太在乎，所以担心孩子，进而衍生出一种"不信任"。

但让孩子学会负责、鼓励孩子去尝试，先要给他信任，并给他尝试的机会。当孩子主动要求去做什么时，不要以"你太小了""没关系，我顺手的事情"而拒绝他，而是告诉他："我相信你。"

方法三：夸奖孩子努力，但不要说一定能做成。

让孩子学习处理自己的事，我们需要不断灌输家长的信任，让孩子也建立对自己的信任。

但在语言上，可以夸奖孩子努力、耐心、坚韧等一系列行为上的优点，尽量不要从孩子天生聪明的角度去夸赞和鼓励，这会让他以为"聪明可以做成一切"，而不是"努力能达到目标"。同样，也不要跟孩子许诺说"我相信你一定能做到"，如果孩子真的做不到，很容易因此受到打击，不如这样说："不试试，怎么知道自己不行呢。"

与孩子有效沟通，是鼓励他建立责任感的重要途径，但前提还是要先改变我们自己的想法——只有父母发自内心的信任，才能影响孩子的行为。

☆ 领导力：别在该放手的时候选择包办

什么是领导力？

领导力，是个人或组织通过协调和组织等方式让团队完成工作的能力。

与其说这是一种可以学习的技能，更像是做人与做事的综合体。也就是说，只会运用某些技能是不够的，真正有领导力的人，其能力在自己的个性、习惯、特质上都会有所体现。

所以，从孩童时期开始，父母就应该重视孩子领导力的培养。外到领导团队，内到安排自己的生活，只有在日积月累中才能培养出有领导力特质的孩子。

一个有领导力的孩子，背后一定是敢于放手的父母。

思思从小就是一个特别乖的孩子，家长夸奖她时，最喜欢用的词语就是"听话"。不管爸爸妈妈让她做什么，她总会乖乖地去做。

在小朋友的群体里，思思也特别乖。小朋友提出什么想法，她总是第一个支持的人，大家说什么就是什么。可轮到她出主意玩什么游戏的时候，她就突然不知道该怎么办了。

"还是你们说吧。""我听你们的。"这样的话，总是出现在思思口中。

为什么在很多人的印象里，调皮的孩子长大后经常会有意想不到的成就？他的成就不是因为调皮，而是因为淘气背后的"有主见"。

一个有主见的孩子，擅长自己解决问题，他会习惯"产生想法—思考—做计划—付诸实践"的过程。而一个事事听话的乖孩子固然好，但也会被这种"听话"培养出别人说、他来做，一推一走的习惯。

这对培养孩子的领导力很不利，家长要做的，就是不要一个"乖孩子"，而要一个有主见、能讲道理并付诸实践的孩子。

《儿童权利公约》中也明确说明，保障孩子的表达权和决策权，是对儿童基本权利的重视。

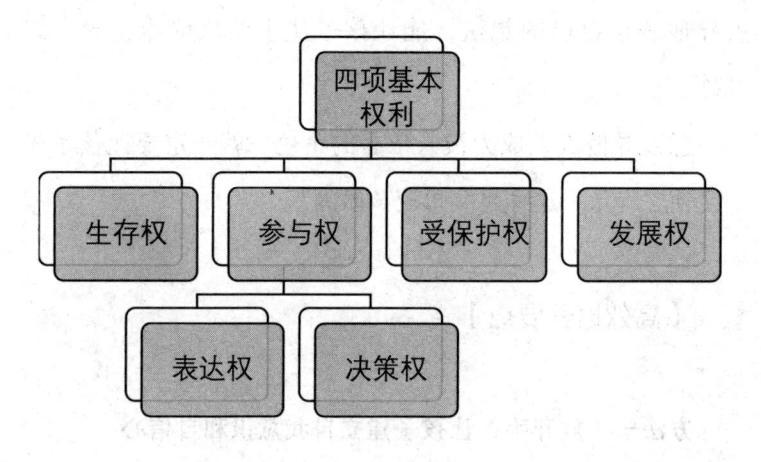

```
         ┌──────────┐
         │ 四项基本 │
         │  权利    │
         └────┬─────┘
   ┌──────┬───┴───┬────────┐
┌──┴──┐┌──┴──┐┌───┴───┐┌───┴──┐
│生存权││参与权││受保护权││发展权│
└─────┘└──┬──┘└───────┘└──────┘
      ┌───┴───┐
   ┌──┴──┐┌───┴──┐
   │表达权││决策权│
   └─────┘└──────┘
```

小小三岁的时候，已经能用比较通顺的语言跟妈妈表达自己的想法，父母非常乐于跟她沟通。比如，有时候中午玩得时间久了，小小不想睡午觉。这时，妈妈并不会说"你应该去睡午觉，快去"或者"必须去睡觉，不能玩了"这样的话，而是会鼓励小小自己思考，并让她说出理由。

如果小小能够说出一个比较有道理的理由，她的要求经常会得到满足。比如："我还想再跟小熊玩一会儿，午觉少睡一会儿，晚上我就不玩儿了。"

通过有效沟通，小小越来越有主见，会思考和说服别人，大人总说她讲道理一套一套的。

孩子自我思考、自我做主的过程中，可以培养他判断、思考、取舍以及沟通的能力，而这个过程由父母来引导再好不过了。

给孩子自己思考、判断的机会，并以有效沟通的方式

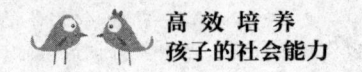

引导他表达自己的想法，能让孩子从小锻炼培养领导力的基础。

想领导他人、成为被人依靠的角色，就一定要让孩子先学会独立行走，这才是父母应该做的事。

【高效培养要点】

方法一：放开手，让孩子建立自我意识和自信心。

当孩子提出一个跟现有规矩不同的意见，或者表达自己想法的时候，千万不要用"不乖"来形容他，也不要剥夺他的话语权，更不要因为不放心就不让他去尝试。

我们应该放开手，在他产生自我思考和尝试冲动的时候，用语言上的肯定和有效沟通，来给孩子建立自信心。而且这种自我思考、自己提出意见并被肯定的经验，可以帮孩子很快建立起自我意识，明白"我想做什么"，而不是"听你的话"。

方法二：多跟孩子交流，训练他的语言表达能力。

领导力的一个重要表现，就是能跟不同的人进行交流，了解他人的想法，并且表达自己的观点并说服他人。

这里要注意两点："沟通"和"表达自我"。

根据英国早期教育 EYFS 提出的观点，一个孩子的沟通理解力、语言表达能力，最重要的建立阶段是婴幼儿时期。所以，孩子年纪越小，就越要多跟孩子交流，鼓励孩子表达自我。

方法三：跟孩子一起分析、解决问题。

当孩子遇到麻烦时，家长当然可以轻易地帮助他，但不建议这样做。

家长可以在语言上鼓励孩子自己思考和解决问题，循序渐进地培养孩子处理事情的流程思维，这是建设领导力的重要一步。

对待一个问题，可以问孩子"你觉得这件事对在哪里，错在哪里，难在哪里"；接下来就是引导计划，"如果想解决这个麻烦，你会怎么做"；然后是鼓励实践，"多去试一试，我们看好你"。

只有把保护孩子的双手撤掉，放手让孩子去独立行走，他才能真正学会走路乃至奔跑。

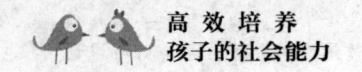

☆ 执行力：习惯"命令"，只会得到盲从

为什么强势的父母常常会养育出怯懦、内向的孩子？

家庭和社会一样，和睦相处总要维持一种微妙的平衡，有人进就有人退。在一个家庭中，如果有人较为强势，那么另一方相对就会温和一些。比如，父母在家庭中扮演的角色都是强势派，那孩子在成长中自然会习惯退让，性格也就会变得内向、怯懦、敏感。

想让孩子勇敢自信，就不能总在孩子面前扮演一个严苛的强人；想让孩子拥有自己的思考和判断，就不能总以命令的语气跟他说话。

"毛毛，赶快把作业写了。"

"你周末还想去公园？不行，我肯定不同意。"

"这事绝对没商量，你该干什么就干什么去。"

很多家长说，孩子都要这么管，他才会听话，不会把爸爸妈妈的话不当一回事。所以，一家之主的妈妈，跟毛毛说话的语气总是斩钉截铁，毫无商量的余地。

第一章
高效沟通第一课：学会好好说话

但时间久了，毛毛习惯了妈妈的命令，只要妈妈一张嘴，一点儿都不去想为什么要这样、有没有别的可能，成了一个特别顺从的孩子。他在家里是这样，在外面也是这样，别人说什么，他就做什么，从来不反驳。

后来，因为毛毛总是在学校被人欺负、使唤，老师就告诉了毛毛妈妈。毛毛妈妈这才后悔，自己把孩子管得也太听话了。

养育孩子就像修剪树苗，我们的每一句话、每一个动作都决定着孩子将来会长成什么样子——当你用命令的语气跟孩子说话时，就意味着你想让孩子变乖，想让他听你的话。这种相对严厉和不可商量的语气，自然会让孩子意识到父母的话不可违逆。但他在一次次命令下顺从时，就会养成一种盲从别人的性格。

等你希望孩子有主见、有自己的想法时，小树已经长成了形状，就很难再进行修剪了。

父母的威严不一定要在严厉的语气上体现出来，以身作则，建立良好的父母形象，孩子自然而然就会尊重和听从你的话。

妈妈非常尊重女儿小美的想法，虽然小姑娘才四五岁，但妈妈每次有什么要求，都会以商量的态度对待她。

比如，小美挑食，总是不喜欢吃青菜。奶奶严肃地说："不行，你必须把这碗青菜吃了，不吃完不许看动画片。"

小美被奶奶严厉的目光吓了一跳，特别委屈地把菜吃了。但当奶奶不在的时候，她又表现出不想吃青菜的情绪。

妈妈看到了，就对小美耐心地解释了一番：青菜有营养，长时间不吃会生病，影响身体健康，就不能去幼儿园跟同学们一起玩儿了。

长辈都觉得小孩子听不懂这样复杂的道理，但其实小孩子已经有了常识和自己的想法。小美一听就明白了，从那以后，虽然她还是不喜欢吃青菜，但每次都会逼着自己吃一些，就是为了保持身体健康，可以去幼儿园跟小朋友一起玩儿。

通过命令的语气，固然可以让孩子完成一些事情，但并不意味着孩子本身真正接受了这种观念和想法，他只不过是碍于大人的权威而不得不遵从，其实内心并未改变自己的想法。

所以，这种方式治标不治本，还会让孩子养成对大人的话就要听的盲从心理。如果遇到其他人以强硬的态度要求，孩子可能会因为这种心态而无法坚持自我，首先选择妥协，这就是命令语气的负面影响。

如果我们长期用命令的语气跟孩子说话，却不去解释命令背后的意义，孩子只能机械地接受任务，就无法养成主动和积极做事的习惯，甚至只懂得习惯性听命令做事，从而失去了自己的思考，也失去了自己的坚持。

从长远来看，这对一个孩子的成长没有好处。

【高效培养要点】

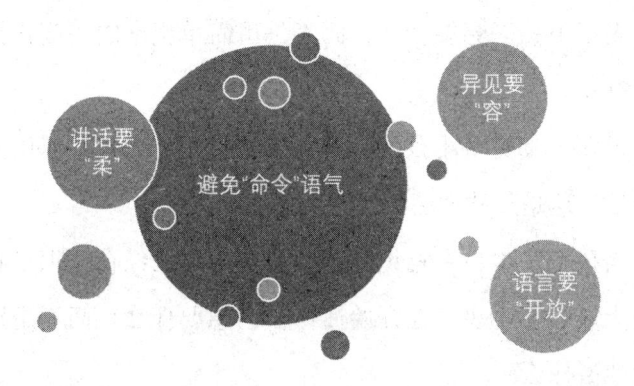

- 讲话要"柔"
- 避免"命令"语气
- 异见要"容"
- 语言要"开放"

方法一：让自己的语气变得柔软。

父母跟孩子之间需要的是沟通而不是说教，需要的是互相尊重而不是单方面下命令。

孩子往往天生都是崇敬与尊重父母的，只要我们能够将话说得有道理，让孩子发自内心这样想，就不用担心他不听自己的话，完全不用以命令的口气要求孩子。

用柔软的语气来跟孩子沟通，敏感的孩子会迅速意识到，这是父母在鼓励自己发表意见，并且愿意听他说出自己的想法。

如果动辄采用简单粗暴的命令方式，孩子的行为就会变得机械，他知道自己不用思考，父母自然会给他安排好该做什么。这就扼杀了孩子思考和表达的能力，对于他的成长来说没有什么好处。

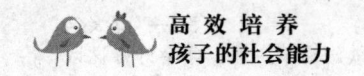

方法二：当孩子提出异议时，一定要多跟他沟通。

去了解孩子想要什么，而不是用简单粗暴的态度直接拒绝或打断。

很多人都觉得小孩子没有自己的想法，天生就应该听父母的话。这是一种全然错误的观念。

当孩子产生自主意识时，就意味着他已经在认识自我的道路上成长了不少，他开始懂得自己想要什么，而不是别人想让他做什么。

产生与父母不一样的意见和想法，就是孩子探索世界、建立自我意识的重要一步。在这个时候如果我们不听孩子的意见，只是单纯强调自己的要求，忽视孩子的需要，不仅会让孩子受伤，而且会打击他刚刚萌芽的自主意识，让他很难鼓起勇气进入一个跟外界沟通想法、自主决断的状态。

方法三：用开放性语言，多让孩子表达自己的观点。

我们不仅不能用命令性的语言来指挥孩子做事，还应该在谈话时多用引导性的语言鼓励孩子，让他表达自己的想法和选择。

这种引导性语言必须是开放式的，不要在提问时问孩子"是不是""好不好"这样只有两个选择的话，而是要多问问孩子"你觉得应该怎么做""你有什么想法""为什么会这样"。

用这种开放性的引导词,让孩子在一个广阔的空间里思考,往往能激发他的想象力,得出一个让大人也为之惊奇的答案。

☆ 能选择:抛弃自以为然,尊重孩子的选择

孩子的世界与大人不同,他懂得的东西很少,也就意味着可塑性更大;孩子的未来有着无限广阔的空间,是我们不能想象的。

所以,家长教育孩子时,既要引导,也要尊重。引导是为了让孩子从大人这里学到生活的经验,尊重则是重视孩子与大人不同的地方,接受他与大人不同的选择,这样孩子才有可能拥有比家长更高的成就。

爸爸一心想培养儿子小远全面发展,在孩子才四五岁时,就给小远报了好几个课外班,有钢琴、滑冰、羽毛球、英语、书法……每一个课外班都是爸爸精挑细选的,对小远的思维、健康、特长培养都有好处。

但这样完美的课程，小远却一点儿都不喜欢，好几次他跟爸爸提出自己不喜欢弹钢琴，也不想上课，他想跟其他朋友一样去学街舞。爸爸用各种理由劝小远，试图让小远听从自己的建议。

"爸爸现在说的话你不懂，等你长大了就知道我是为你好。"爸爸常常这样对小远说。

的确，孩子有很多局限性，为了他将来不后悔，父母往往要代替孩子做出一些选择。但这并不意味着我们可以全然忽视孩子的需求，用自以为然的"对你好"来干涉孩子的生活，甚至完全剥夺他的选择权。

许多父母最大的问题，往往是在沟通时更侧重"教育"，只注意孩子是否做到了自己想要的，却忽略了孩子的看法。其实，在孩子的一生里，遵循父母的建议去做事，哪怕做得再完美，对他的益处也远比不上跟随他自己的心去做事。

根据调查，家长在亲子教育里最大的困惑是自己的时间精力不足，对孩子的了解和指导不够。在这种情况下，更需要给孩子足够的尊重，让他有自己做决策的机会。

家长在亲子教育方面的最大困惑（2014年）

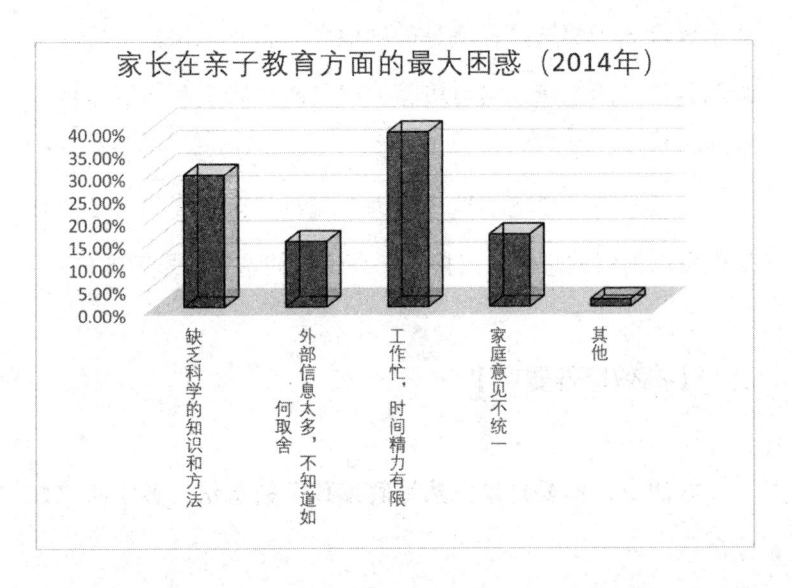

困惑	比例
缺乏科学的知识和方法	约30%
外部信息太多，不知道如何取舍	约16%
工作忙，时间精力有限	约38%
家庭意见不统一	约18%
其他	约2%

表姐的孩子只有三岁多，但已经是个很有主见的小丫头了。每次家人要带她去做什么，都会询问她的想法，只要她能说出理由，往往都会得到满足。

有人说，表姐实在是太宠孩子了，但从另一个方面来看，这也是尊重孩子的想法，从小就教会了孩子如何做选择。

比如，每天穿衣服，都是小丫头自己选择搭配的。虽然有些衣服搭起来不怎么好看，但每次表姐都会耐心地听她说完，给她把想穿的衣服拿出来，让她自己穿。

有趣的是，以前有点懒的孩子，只要是自己选择的事，她总是兴冲冲地去做，完全改掉了磨蹭犯懒的毛病。

果断选择、精准判断也是一种需要长期练习的能力，不是所有人天生就懂得如何选、怎样想，主见是需要培养的。

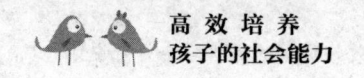

从小尊重孩子的选择，就是鼓励他独立自主地探索世界，鼓励他有自己的想法，这对培养他的判断力和主观认识非常有帮助。

当孩子有了自己的选择能力，父母千万不要忽略，抛弃那些自以为然的想法，去接受、夸奖他的选择和思考吧！

【高效培养要点】

方法一：不要自以为然地解读孩子的想法，多问问"为什么"。

当孩子说自己不想去课外班时，你是否会觉得孩子在抗拒，是一种懒惰的表现呢？在没有沟通的前提下产生这种想法，就是父母的自以为然。

千万不要在孩子提出想法时，下意识地说出"你是不是想偷懒""一点儿苦都不想吃，这样长大了怎么办""怎么跟你爸爸的坏脾气一样"之类的话，这种解读只是我们对孩子的片面认识，很可能挫伤孩子表达的积极性，或者给他错误的暗示。

应该多问问孩子"你为什么要这样做"，鼓励孩子表达自己，了解孩子选择背后的深层原因。

方法二：孩子的选择哪怕没有家长的安排那么完美，也要鼓励他试一试。

孩子能做出自己的选择，这本身就是一件十分值得家长欢欣的事，至于孩子的选择好不好，这倒不是最要紧的，我们要做的就是鼓励他、肯定他。

比如下雨了，坐在温暖舒适的家中是一件享受的事，但孩子很想去外面感受下雨的感觉。当孩子有理有据地提出要求，我们应该肯定和满足他的想法，这就是一种尊重孩子选择的表现。

方法三：尊重不是溺爱，孩子的选择应该在合理范围内。

尊重孩子的选择，是在鼓励他建立自主意识，但这种自主不能变成自私，不能养育以自我为中心的性格。

所以，这种选择应该在合理范围内。如果孩子的选择损害了他人的利益，哪怕是损害了父母的利益，我们也不应该一味为孩子做牺牲，而是摆事实、讲道理，告诉孩子为什么有些选择可以被接受，有些选择必须被拒绝。

还是下雨这件事，孩子如果想出门，而家长恰巧在家中有事，就要告诉孩子，为什么拒绝了他的选择，彼此应该怎样谅解，该想出怎样的解决办法。

把握好这个度，我们才能培养出有主见又会体谅他人的好孩子。

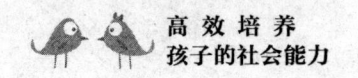

☆ 决策力：高效说服力，不吼不叫培养孩子

对儿童受保护权调查数据显示，家长更重视孩子的隐私保护，甚于心理保护。例如，相比于"不数落孩子"、"不向孩子发脾气"，家长更容易做到"不看孩子的隐私秘密"。要做到前两者，可能更难一些。

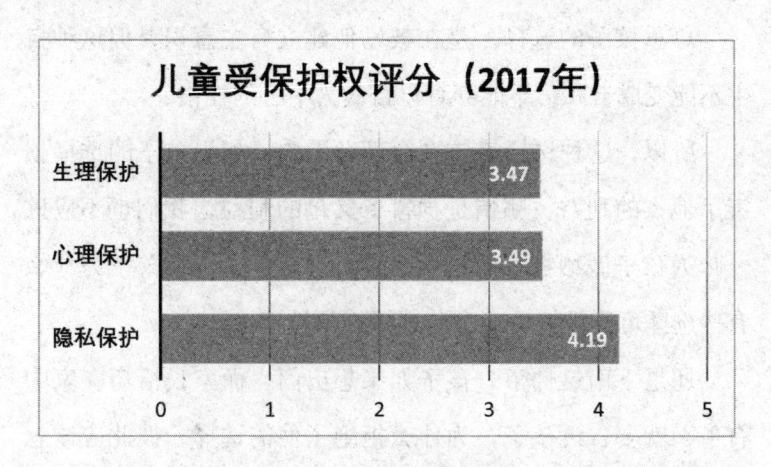

儿童受保护权评分（2017年）

类别	评分
生理保护	3.47
心理保护	3.49
隐私保护	4.19

许多父母都知道，想一直保持微笑和轻声细语是多么难，因为总会遇到孩子调皮、不可理喻、出现哭闹的情况，家长免不了发出惊恐或愤怒的吼叫声。

第一章
高效沟通第一课：学会好好说话

想要在孩子面前扮演一个不吼不叫的父母，恐怕需要天时地利人和。

尽管我们都知道，做一个吼叫的父母对孩子的成长没有益处，但当你眼前的"小天使"突然变成"熊孩子"时，看到那个疯狂捣乱、无法沟通就是跟自己对着干的小朋友，在愤怒之下脑袋一空，很容易用吼叫来解决问题。

尤其是，当吼叫在短时间内真的很有用时。

拥有一对双胞胎小淘气是什么体验？萱萱和佩佩的妈妈每次想到这个话题，都有无数话想吐槽。

早上刚给萱萱穿上衣服，旁边的佩佩就把脑袋夹在了毛衣领口里，急得一个劲儿撕扯。妈妈赶紧去给佩佩收拾，一个错眼看不到，萱萱就光脚跑到了客厅，手脚并用往餐桌上爬。

尽管知道她们在模仿妈妈早上安排的起床顺序，但这丢三落四的小家伙不仅没让妈妈省心，反而增添了更多的麻烦。妈妈着急地在后面大吼："萱萱，你没穿袜子和鞋子呢，待在那里不许动！"

"还有你，佩佩，给我乖一点儿，听到了吗？"

妈妈一吼，佩佩不敢说话了，客厅里的萱萱也跟妈妈一样吼着说："我知道了！"

不是谁的声音大，谁就有发言权。但在孩子的世界里，当父母开始吼叫时，当他们的表情开始变得严肃时，就是一种最直观的态度——孩子会瞬间明白自己应该乖一点儿。

所以,很多父母都会发现,面对淘气的孩子,通过吼叫方式来制止他的不当行为,是一种见效特别快的办法。只是这不亚于饮鸩止渴,解决了短期问题,却在长期教育上留下了更深的隐患。

1. 父母的大吼大叫会影响孩子的心理状态。

如果长期以这种态度跟孩子交流,他很难产生依赖和相信父母的安全感,会加深亲子之间的鸿沟。孩子越小,这种恐惧心理产生的影响就越深。

2. 吼叫的交流状态,会激起孩子的逆反心理,甚至影响他的个性。

在孩子产生独立意识之后,他会有自己的想法。当孩子对父母的吼叫声产生反感时,不仅会拉远亲子关系,还有可能让孩子也学会以大吼大叫来交流。

3. 吼叫的家风最有可能代代相传。

在美剧《生活大爆炸》里,霍华德的母亲喜欢用大吼的方式跟儿子交流。平时有些懦弱、语气温和的霍华德,在跟母亲交流时也特别容易变得暴躁、大声——他明明讨厌这种交流方式,却在母亲的吼叫声中自觉学会了用一样的方法表达愤怒。

吼叫是一种直观的愤怒情绪体现,当你对孩子吼叫,他不会懂得如何处理这种情绪,只会从父母那里学到最简单的办法——只要吼回去就好了。这样就形成了一种不良家风，很容易代代相传。

每一个孩子身上都可能看到父母的影子，不耐烦、只会吼叫的家长，会对孩子产生怎样的负面影响，你想过没有？

【高效培养要点】

第一步：考虑到儿童的思维模式，沟通要简单有效。

父母为什么会吼叫？往往是因为我们说出的话，孩子却不肯听。所以第一步先来审视一下，我们说的话，孩子真的听懂了吗？

孩子的思维模式非常简单，过于隐晦或者复杂的沟通方式，孩子很难理解。面对需要制止的不当行为，最好的办法是先告诉孩子要怎么做，然后告诉他为什么要这样。

比如，当孩子用小木棍戳刺其他小朋友时，你应该说："不能用木棍戳人，因为戳伤了小朋友会痛。"而不是说："听话，把木棍扔了，之前在家不是教育过你了吗？要是不听话，你就是坏孩子……"这样的言语，并没有起到真正的沟通作用，孩子自始至终都只知道父母想让他乖，却不知道丢掉木棍的真正原因，而且说得太多，孩子可能根本没明白你的要求。

将你要强调的事放在第一句说，把为什么这么做的解释

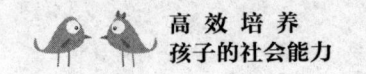

放在后面说，这比什么劝告和吼叫都行之有效。

第二步：父母做好榜样。

父母是什么样的，孩子就是什么样的。

如果你经常在家中发脾气，遇到事情就控制不住内心的烦躁，忍不住用大吼大叫来解决问题，无论是对家人或者对外人，那孩子也会学会这些行为。

第三步：让孩子理解他所做事情的意义，尤其是对别人的影响。

当孩子不断发出吵闹声，或者将收拾好的东西到处乱丢时，与其直接指责他或者命令他做什么，不如告诉他："你这样做，让我觉得很吵／再给你收拾的话很累／给别人带来很多不好的影响……"

通过表明自己的需求，点出孩子所做事情的问题所在，他才能懂得"为什么要停下"，并不断学会为同一空间的他人着想。

第四步：让孩子有可选择的余地。

总是剥夺孩子的选择权，要求他完全按照我们说的去做，孩子会有一种特别明显被控制的想法，他往往会采用极端方式抗争，让我们更加头痛，忍不住去吼叫。

所以，适当给孩子留一些选择的余地，可以有效避免跟孩子吵闹。孩子也会明白该自己选择、为自己选择的结果负责，这样更能培养他的决策力。

☆ 说服力：父母如何说，孩子才会听

真正站在孩子的角度去思考问题，比说什么大道理都要管用。我们跟孩子之间的沟通，目的是为了让孩子接受，而不是完成说教的任务。所以，将单方面的教育变成双方面的沟通，真正说出孩子心中想要且认可的话，最为重要。

美国著名心理学家马歇尔·卢森堡说："沟通时，永远别忽视孩子的感受。"

这样的道理说起来很容易，但真正实施时我们才会发现，始终记住这一点特别艰难。根据2017年的亲子沟通频率调查，显示伴随着孩子年龄的增长，亲子沟通频率在下降，西部地区的亲子沟通频率也低于东部地区。家长跟孩子沟通的时间少了，更应该珍惜每一次时光，提升沟通效率。

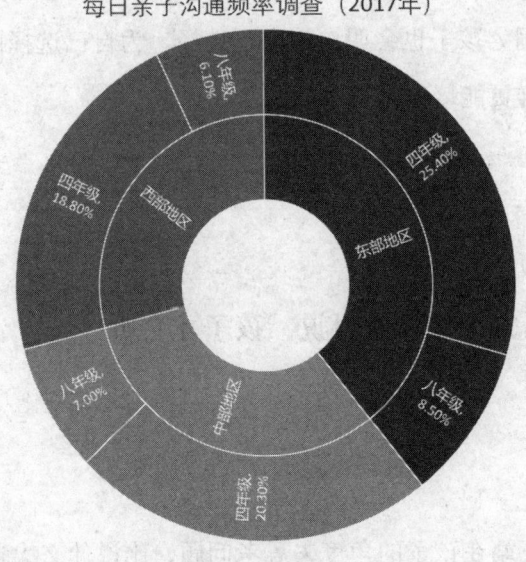

每日亲子沟通频率调查（2017年）

- 八年级 6.10%
- 四年级 18.80%
- 西部地区
- 四年级 25.40%
- 东部地区
- 八年级 7.00%
- 中部地区
- 八年级 8.50%
- 四年级 20.30%

当孩子产生"不可理喻"的言行时，你是否会觉得难以想象，压根儿不能理解孩子为什么会做出这样的行为？当你沉浸在这种情绪中，而不是试图去理解他时，接下来所做的一切沟通都是没有真正考虑到孩子的感受。

设身处地从孩子的角度看世界，是亲子间有效沟通的第一步。

菲菲三岁的时候，妈妈开始训练她独自一人在卧室入睡。每天晚上开着床头灯，给菲菲讲睡前故事时，菲菲还是很听话的，可只要妈妈做出准备回自己屋的行为，哪怕她已经闭上眼看起来睡着了，也会紧张地醒来抓住妈妈的手，哭闹不止。

第一章
高效沟通第一课：学会好好说话

几次三番下来，妈妈也有些心累："不是说好了一个人睡吗？菲菲是个勇敢的孩子，不是吗？"

菲菲迟疑地点点头，却还是皱着眉头说："我害怕。"

妈妈特别不理解这有什么可害怕的，两边屋子都开着门，开始一段时间还会给菲菲开一盏小灯。这种方式是其他小朋友妈妈介绍的，所有人都说效果很好。

直到有一次，妈妈也躺在菲菲的小床上，开着灯哄她睡觉，才发现床头灯的光打在玩偶上，墙上的影子看起来有些张牙舞爪，很吓人。可能正是这个原因，菲菲才会一直说害怕。

妈妈一问，果然如此。后来把玩偶都挪走了，睡前也不开灯了，菲菲反而适应得很好。

心理学上有个词叫"投射心理"。

人们常常会将自己的想法投射到别人身上，把自己的意志强加给别人，因而无法理解他人的行为。尤其是在面对孩子时，大多数时间我们都在扮演引导者的角色，更容易忽视孩子的感受，而将自己的认识强加给他。这就导致我们在沟通时容易产生单方面的说教，一旦进入这个模式，跟孩子的沟通效率就会大大降低。

小美是个有些爱哭的孩子，在遇到自己解决不了的问题时，经常会哭。父母每每面对她的哭脸，总是又心疼又好笑："不知道这孩子跟谁学的，怎么这么多眼泪。"

小美新买的玩具被小朋友弄坏了，她哭起来，爸爸劝说：

"别哭了,哭有什么用啊,就算哭红了眼睛,玩具也不会复原……"话音未落,小美哭得更厉害了。

去医院打针,还没有扎到自己身上,看着其他小朋友挨针哭了,小美也掉起泪来。妈妈很无奈:"这不还没轮到你呢,打针一点儿都不痛,别害怕了啊!"可这话,无济于事。

从孩子的角度讲,小美当然知道哭是不能让玩具变好的,但失去了心爱的玩具,心情很沮丧让她想哭,可爸爸不能理解这种心情;她还没有开始打针,当看到其他小朋友打针哭了,会想起自己之前挨针的痛,因而恐惧地哭泣,可妈妈不能理解这种心情。

人的感情在很多时候是不能共通的,当我们不理解孩子的心情,说出的话也会显得苍白无力,哪怕你说得再有道理,也很难说进孩子的心里去。

所以,在需要跟孩子沟通的时刻,不要按照大人的想法去思考问题,试图去理解孩子的想法才能劝服他。

【高效培养要点】

方法一:在语言中体现我们的共情能力。

在沟通的语言中传达善意和理解给孩子,让他知道父母了解他,或者说父母试图去了解他。"我理解你为什么这么做""让我猜猜,你是不是想这样做"等,当我们说中了孩子的心理，他才更容易听话。

美国儿童情绪研究专家指出，一个孩子在跟人的沟通中得到共情，感受到对方对自己的理解，能减少接下来 80% 以上的沟通冲突。

方法二：话语权不要只掌握在自己手中，也要听孩子说什么。

亲子关系间的大多数矛盾，都是因为不能相互说服——父母觉得孩子不听话，有时候可能是因为父母也没有先听孩子说话。

既然从大人的角度不能理解孩子的想法，那就先让孩子自己来说。

多让孩子表达自己，表现出尊重他的态度，不仅有利于解决亲子关系中的问题，锻炼孩子的表达能力，也能增强我们的同理心，让我们从孩子的角度去思考，然后劝服他。

方法三：劝说孩子时，不要自以为对孩子好。

家长所犯的最大错误就是自以为对孩子好，实则很多选择都会让孩子感到被强迫和控制的烦恼。

我们劝说孩子去做一件事，不要秉持着"这是对你好"这样强硬的态度，自以为是地把自己的意志强加给孩子，而是在了解孩子想法的前提下，分析这件事对他有什么好处。

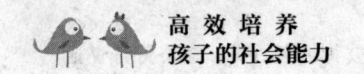

矛盾是沟通的问题，教育是沟通的艺术。跟孩子交流就像是一场谈判，与跟成年人交流没有什么差别，我们都得从对方的角度出发。

☆ 懂礼仪：父母有礼貌，儿女才有好家教

父母都希望孩子能成长为有教养、高素质的人才，所以礼仪教育是重中之重。良好的礼仪，有风度的举止以及令人称赞的气质，往往都是从小就开始培养的，让孩子由内而外做到知礼仪、识礼仪，他才能更好地表现出来。

而最简单，也最深刻的教育方式，是家长的以身作则。只有父母有礼貌，孩子才能体现出好家教。

小鹏在幼儿园里经常跟小朋友起冲突，一言不合就试图动手打人，被老师叫来了家长。

小鹏爸爸一听这事，当场就发火了，揪着小鹏的衣领子教训道："在家里是怎么教育你的？在外面有话说话，不能动手，你都不记得了？我看你就是欠收拾！"

说着，爸爸就举起了手。小鹏吓得一缩脖子，熟练地做

出了怕挨打的动作。

老师在旁边劝道:"小鹏爸爸,说好的教育孩子不能动手打人,你怎么教育孩子几句就准备动手了呢?"

与其说一百句话,不如教孩子做一件事。

动物的幼崽会跟随父母学习一生最重要的捕猎技巧,孩子的幼年期也是如此,他在不自觉地模仿自己的父母,这是他的求生本能在支配自己。

我们所说教的道理,比不上自己的言行对孩子的影响更大。只有平时在语言和行为上树立榜样,孩子才会成长为我们期待的样子。

我曾在火车站的候车室见到一对母子,母亲大声地冲着自己的孩子吼叫道:"都说了让你小点儿声说话,不许嚷嚷!这个玩具不许买!"

虽然那位母亲的目的是让孩子不要在大庭广众之下喧哗,但是自己恰恰用这种方式来教育孩子,孩子会如何反应?果然,孩子的应对方法就是:比母亲喊得更大声。

在教育孩子应该懂礼貌时,如果父母自己做不到"礼貌"二字,孩子恐怕也学不会。在生活中,该如何潜移默化地影响孩子,让他能够礼貌待人呢?

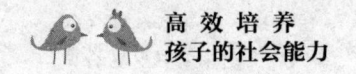

【高效培养要点】

方法一：对待孩子的态度要有礼貌。

当大人正在交谈时，如果孩子在旁边插嘴，大人就会烦躁地呵斥他："大人讲话的时候，小孩子别插嘴！"如果对方不是你的孩子，而是一个同龄的成年人呢？恐怕你绝不会用这种态度对待他。这就说明，我们始终将孩子"看低"了，没有用合适的方式来对待他。

要想让孩子知礼仪，就一定要用同样懂礼仪的方式对待他，尤其是在我们想要教育他的时候，这样才能以身作则。粗鲁的方式只会让孩子产生逆反心理，说不定行为更加极端，比如大吼大叫、满地打滚等。

方法二：教导孩子要分清场合。

不管是过于严厉、不顾及孩子自尊的批评和指责，还是过分悲观的判断，对教导孩子知礼仪都是没有积极作用的。

如果我们常常在孩子耳边唠唠叨叨，或者不分场合就开始指责教育他，比如在大街上、在孩子的小伙伴身边，都会让孩子产生抗拒心理，无心去体会家长想要传达给他的意思。

很简单，因为你的这种行为伤害了孩子的自尊，所以他产生了负面情绪，从而导致他无法接受你的建议。

所以，我们要用合适的语言，在合适的环境下教育孩子懂礼仪。要给孩子在其他小朋友面前留面子，然后私下通过沟通的方式，将他的问题、礼仪的重要性和影响都细细解释清楚，他就会更容易接受。

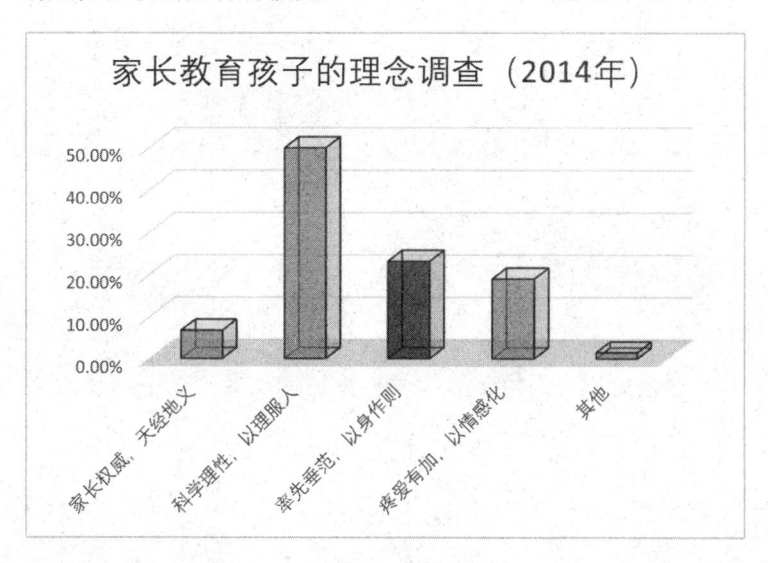

家长教育孩子的理念调查（2014年）

类别	比例
家长权威，天经地义	~5%
科学理性，以理服人	~50%
率先垂范，以身作则	~22%
疼爱有加，以情感化	~20%
其他	~1%

方法三：抓住每一个言传身教的机会。

很多家长在生活中也重视自己的榜样作用，但这些家长都觉得很难做到——平淡的生活中，很少有可以展示礼仪的机会。

其实，示范的机会有很多，就看你能否抓得住。

当我们去别人家里拜访或者家中来客人的时候，就是教育孩子的好时机。

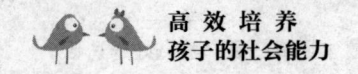

父母可以带着孩子一起准备礼物,教导孩子如何去主人家做客或者如何招待客人,通过让孩子参与进来、跟父母学习的过程,让他学会礼仪,同时也达到父母"示范"的目的。

这种情景结合的示范例子,能给孩子带来正面的影响,他也会非常愿意听从父母的教导。

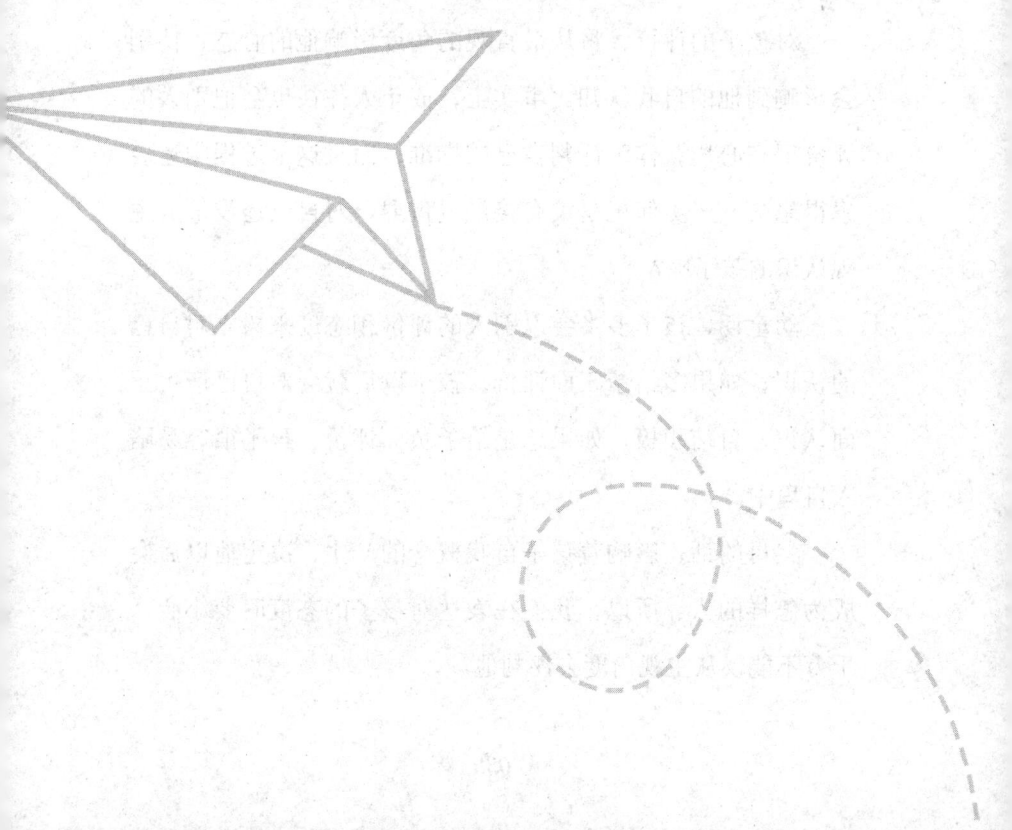

第二章

正面管教，
别跟孩子发脾气

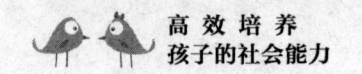

☆ 影响力：不用主观印象评判你的孩子

心理学上将父母称为孩子幼年成长时期的"重要他人"。也就是说，作为孩子世界中的重要一员，父母能极大程度地对孩子的人格和自我意识发展产生影响。

对孩子的评价，将从最直观的角度影响他的心态，特别会影响到他的自我认知。事实上，成年人往往也会把别人的评价记在心里，作为评判自己的标准，而且这个过程中还会患得患失——更何况是没有接触过世界、对自己还没形成主观认识的孩子呢？

幼童期，孩子多半会以别人的评价和态度来树立对自己的认识，如果多给予正面评价，孩子以后就会对自己产生正面认识，自信积极；如果总是给予负面评价，孩子很容易陷入自卑中。

父母的话，影响着孩子自我概念的产生，决定他以后会成为怎样的人。所以，我们在表达对孩子的态度时要小心，千万不能仅从主观角度去评判他。

第 二 章
正面管教，别跟孩子发脾气

云云是个活泼热情的女孩，在父母眼里，她非常乐观开朗，唯独不够细致，常常丢三落四。妈妈没觉得这是一个大问题，因此常以打趣的方式说："云云就是个马虎鬼，太粗心啦！"

有一天，幼儿园放学了，妈妈来接云云。老师对家长夸奖说云云很细心，还会照顾小朋友，甚至注意到其他小朋友没有穿好外套，主动提醒老师。妈妈特别吃惊，心里很高兴，只是随口多说了一句："天哪，我们家的小马虎还有这一面，我还有点儿不信呢！"

云云的嘴立刻噘起来，不高兴地踢了踢脚下的小石子，说："妈妈天天说我马虎，就是不相信我，哼！"

哪怕只是一些玩笑话，有时候也会对孩子产生很深的影响。还记得《家有儿女》里，刘梅是个相对开明的家长，但对儿子刘星依然习惯用主观印象做评判。她觉得刘星是个调皮的孩子，做好事一定没有他的份儿；如果欺负人，一定先怀疑刘星，这让刘星常常觉得很委屈。

所以，能在父母的怀疑下，依然形成像刘星那样善良乐观的个性是很难的。多数孩子在主观印象评价下，只会越来越像我们以为的模样。

曼曼在妈妈眼里是个很乖巧的孩子，但看起来头脑并不像其他小朋友那么机灵，总在举动上流露出笨拙。妈妈跟其他孩子的家长聊天时，常常说："我家的闺女就是太老实了，看起来不那么聪明。"

不聪明，似乎成了父母对曼曼的认知，虽然大家都没有表露出嫌弃的意思，但曼曼自己逐渐开始怀疑自己，觉得自己不够聪明。

在课外班上，老师叫曼曼起来回答问题、鼓励她表演节目，她的第一反应永远是拒绝："我笨，我不聪明，我会搞砸的！"这样的话，总是出现在曼曼口中。

其实，每个孩子的发育阶段都不同，擅长的思考方式也不一样。父母也是人，对孩子也没有自己想象中那么了解，贸然用"笨拙""调皮""不乖"这样的负面词汇与主观印象形容孩子，真的会改变孩子对自己的认知。

别用经验主义和固执，别从主观出发评价你的孩子，他才能有更多的可能。

【高效培养要点】

方法一：客观对待孩子，不要以经验主义判断。

父母的优势在于经验，可以在教育孩子上给予他指导，帮助他少走许多弯路。父母的劣势，则在于经验主义的思考方式，走的套路越多，就越容易固执己见，轻易评价别人。

这让我们在对待孩子的态度上，变得不够客观。所有"根据你以前的表现""我认为""你这种性格的孩子"之类的思考前提和说话方式，都会让我们对孩子的行为判断有失偏颇，不能从客观上发现他做得好的一面。

经常如此，会把孩子锁定在你所以为的那个形象里，给孩子错误的指导、挫败他的积极性。所以，说话时要尽量避免这种思维。

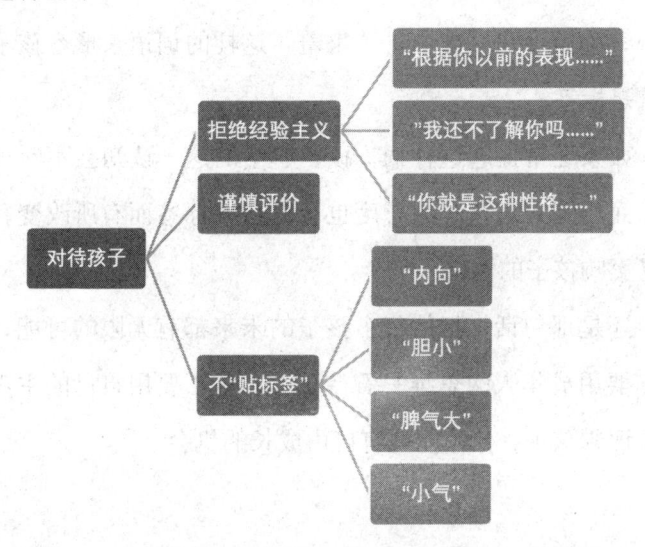

```
                    ┌─ "根据你以前的表现……"
         ┌─ 拒绝经验主义 ─┼─ "我还不了解你吗……"
         │           └─ "你就是这种性格……"
对待孩子 ─┼─ 谨慎评价
         │           ┌─ "内向"
         │           ├─ "胆小"
         └─ 不"贴标签" ─┤
                     ├─ "脾气大"
                     └─ "小气"
```

方法二：谨慎说出评价性词语。

孩子的世界简单而纯粹，正因为所接触的世界太小，他的自我认知就全靠父母与周围人的评价来建立。所以，跟孩子说话时要尽量少用评价性词语。

评判孩子的性格、行为、情绪、为人处世，都会给孩子带来一定的引导，让他以此来建立对自己的认知。与其用评价的口吻跟孩子说话，不如用引导的口吻，让孩子自己思考

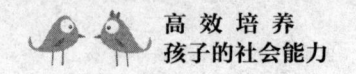

和发现。

孩子有无限的可能，不仅仅是我们看到的样子。

方法三：不要习惯给孩子"贴标签"。

"贴标签"是一种对孩子的总结。比如，孩子平时比较腼腆，你就会用"内向""害羞"这样的词语来形容孩子，这就是标签。

如果经常提起这种词，孩子心中的这一认知会不断被强化，而周围人对孩子的态度也会因这些标签而有所改变，很容易影响孩子的性格。

还是那句话，相信每个孩子的未来都有无限的可能，所以不要用成年人的思维去看待孩子，也不要用自己的主观思维去评判孩子，他才能拥有自由成长的机会。

☆ 高情商：所谓情商高，就是对孩子好好说话

孔子说："不迁怒，不贰过。"只是一时克制容易，一辈子克制却难，尤其是父母天然拥有教育子女的权力，如何

把握好这种权力不滥用，在教育上克制好情绪不迁怒于孩子，是一门需要学习的内容。

根据 2018 年的相关调查，可以看到在家庭生活中，有相当一部分家长需要提升自己对孩子的尊重意识。克制负面情绪也是尊重孩子的一个方面。

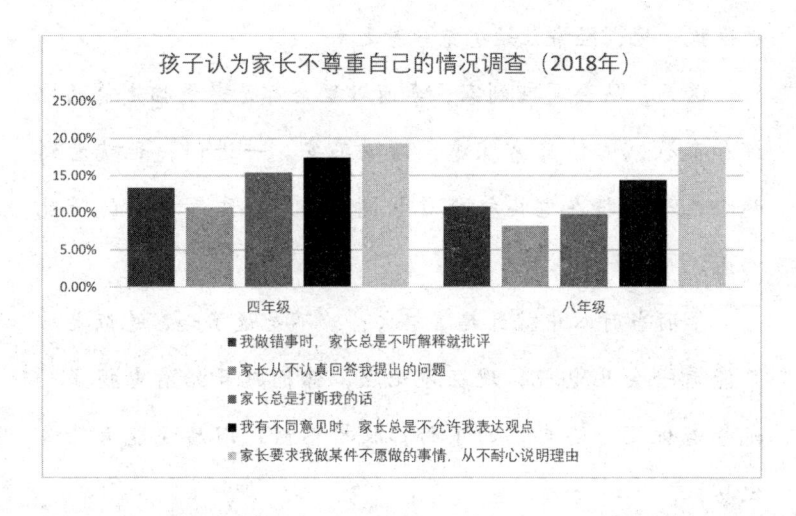

孩子认为家长不尊重自己的情况调查（2018年）

横轴：四年级、八年级

图例：
- 我做错事时，家长总是不听解释就批评
- 家长从不认真回答我提出的问题
- 家长总是打断我的话
- 我有不同意见时，家长总是不允许我表达观点
- 家长要求我做某件不愿做的事情，从不耐心说明理由

迁怒，往往是因为我们在其他地方遭遇了挫折，比如在职场上与老板和同事不睦、在家庭里夫妻双方交流有问题，都会让我们的情绪感到压抑、烦躁和愤怒。这种愤怒碍于一些原因不能向当事人传达，有些父母就会将孩子当成出气筒——因为父母占据天然的优势，哪怕对孩子吼叫也是安全的。

只是，对你的上司或同事吼叫可能会引来职场上的麻烦，对你的妻子或丈夫吼叫也会导致更大的争吵，对幼小而

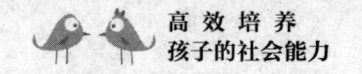

不知事的孩子吼叫，就真的没有后果吗？

把孩子当成出气筒，造成的危害一时看不出，却可能延续一辈子。

李丽作为一对四岁双胞胎男孩的妈妈，深谙两个孩子是多么的调皮和难带，没少因为孩子生气。同时，职场的压力也困扰着她，经常让她感觉分身乏术。

这天，从公司回到家，李丽心里全都是老板临走前的批评和交代，心情非常焦虑，烦躁不安。一进门，她就看到两个儿子正蹲在电视机前看电视，旁边的识字图书随便乱扔着。

李丽当时心中就升起了怒火："不是说了吗，吃饭之后只能看一会儿电视，现在才几点，你们就开始看电视了？光想着玩儿，连自己的东西都收拾不好，以后还能有什么出息？"

一通火发下来，两个孩子都吓哭了。孩子的姥姥在旁边又着急又生气，说道："孩子又没有调皮犯错，就是看了一会儿电视，怎么了啊？"

李丽却觉得，孩子本来就破坏了原本说好的规矩，就应该被家长教育。她更苦恼的是，孩子不听话，自己的工作也不顺利，觉得自己的心实在是太累了。

这种怒火的发泄因为看似有理有据，让家长更难从自身找原因，往往迁怒而不自知。

如果李丽能够冷静思考自己愤怒的源头，她立刻就能发现，这种烦恼和焦虑更多地来自她的工作。

在这种情况下，当她看到儿子的行为也暴露出一些错误时，下意识地就会将对自己的要求和期待转嫁到孩子身上，一旦发现他一样没有做到位，她的怒火就会翻倍发泄出来。也许有一小部分是对孩子的不满意，但更多的部分只是迁怒而已。

心理学家朱利安·泰普林曾有这样一句名言："愤怒其实是人性中的最大弱点，并不是许多人眼中的勇气所在。"

发火并不代表勇敢，相反，是对情绪的控制不到位。尤其是对孩子发火，有多少火气是源于孩子的错误行为，有多少又是家长的迁怒呢？我们应该审视一下自己。

【高效培养要点】

方法一：跟孩子交流，要跳出情绪看问题。

许多家长之所以会迁怒孩子，是因为在交流时带着情绪而不自知。情绪会影响我们的心境，进而改变对事物的看法。同样的情况，在情绪平稳时的态度，跟隐藏愤怒时的态度是完全不同的。

我们很难在盛怒之下依然保持不迁怒，在心中压抑着激烈的情绪时，也很难跳出原有的影响去客观看待孩子的问

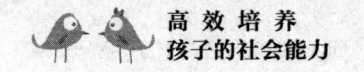

题。既然这样，不如直接设定一个前提——生气时先消化自己的情绪，再跟孩子聊天。

方法二：根据孩子的态度，来调整我们的态度。

无缘无故的迁怒是站不住脚的，我们也会很快意识到自己的问题——最难发现的就是，在孩子已然犯错的情况下父母的迁怒。

很多家长认为，孩子既然已经做错了，通过严厉的态度教育他有什么错吗？这就涉及到了一个"过度惩罚"的问题。孩子的错误应该得到惩罚，这是毋庸置疑的，但借此机会进行过度惩罚，并因此模糊自己的认知，这就是父母的问题了。

孩子犯错了，但他的认错态度很好，我们就应该懂得"适可而止"，根据孩子的态度来调整双方的交流态度，在话语和措施上安抚鼓励他的改错行为，而不是一味地发泄怒火。

方法三：训导孩子，不要伤害他的自尊心。

把孩子当出气筒的父母，往往只知道训斥孩子，却丝毫不考虑他的自尊心。甚至有些父母会因为心理投射问题，在这个时刻变得更加残酷。比如，有些父母怒火上升时，经常对孩子说出一些伤害他的话，事后冷静下来才会后悔。

还要注意教育的场合，不要在外人面前、自己忙于工作的时候去教训孩子，这会让"教育"的有效性大大降低。

☆ 好情绪：父母有好情绪，才能好好说话

孩子都是敏感的小天使，正因为他的生活太简单，大多数时间都围绕着家庭和父母，所以他有更多的精力放在观察父母身上。

学习、了解，孩子可以不断从父母的言行中做到这两样。我们在语言中带着的情绪，孩子会非常敏锐地察觉到，也会从我们这里学习到，进而养成他自己的性格。

所以，对待孩子一定要保持良好的情绪状态。同时，人都是情绪动物，我们不可能在内心情绪波动极大的时候，还能完美维持表面上的平静。作为父母，好好跟孩子交流沟通的基础，其实就是拥有好情绪。

贝贝妈妈是一名全职主妇，生活中大多数时间在围着还没有上小学的孩子转。贝贝妈妈笑称这是一份"365天全年无休"的工作，以前每天上班最多才工作十个小时，现在成为母亲，却成了一个没有休息时间的人。

有时候，贝贝妈妈也想给自己放放假，特别是被生活中

的困难扰动，导致情绪崩溃时。"这种时候，真的很想哭一场，但是孩子在旁边天真地问：'妈妈怎么了？我很乖呀。'此时，我连话都不敢说。"贝贝妈妈苦笑道，"怕一说出来就吓到孩子。"

每当遇到这样的情绪问题，贝贝妈妈总是劝孩子去一边玩耍，然后自己藏在厕所或厨房里偷偷消化，等到感觉好点了再出来。

似乎每个父母都会遇到这样的情况，突如其来的情绪崩溃，不管是因为生活、工作还是家庭，都让我们难以平静和消化。此时首先要做的，就是不要让孩子看见。

这是好的处理办法。在情绪激动的时候，选择避开孩子，避免因为自己的情绪问题影响交流态度，进而给孩子带去负面影响是对的。

很多孩子长大之后，对自己童年时见到的父母争吵、悲伤、惊吓等场面依然记忆犹新，就是因为这些过于不平稳的情绪给年幼的他留下了恐慌的印象。

但我们往往只会在悲伤难受时避开孩子，如果是愤怒无法遏制，而这还跟孩子有关时，大多数父母都不会想到避开。

在教育孩子这件事上，叮叮的父母经常出现一些争执。比如，叮叮在钢琴课上捣乱，弄坏了辅导班的钢琴，妈妈觉得孩子不是故意的，给辅导班赔偿钢琴的维修费，再教育一下孩子就行了。而爸爸则觉得这是叮叮的态度问题，一定要好好训斥他一顿。

围绕着叮叮闯的祸，两个人就吵了起来。因为跟孩子有关，他们并没有想到避开叮叮，甚至在吵架时还忍不住互相指指点点。

父母虽然没有训斥叮叮，但已经五六岁的叮叮很清楚父母为什么吵，很快就被吓哭了，一边哭一边说："对不起爸爸妈妈，我以后一定乖，我再也不去学钢琴了。"

愤怒往往跟悲伤不同。悲伤来得更加缓慢，我们会花费时间去消化和准备，所以有余力提前安排好孩子，避开他。但愤怒往往来得迅速，尤其是还围绕着孩子出现问题时，你很难完全控制对儿女闯祸的愤怒情绪，更不要说好好说话了。

【高效培养要点】

这时候，我们可以采用"ABCDE 法"，一步步消化极端情绪，让自己迅速冷静下来。

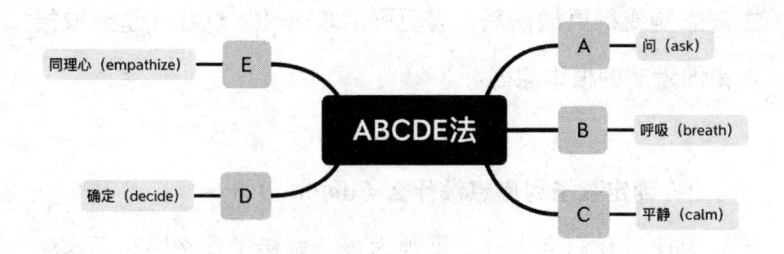

- 同理心（empathize） E
- 确定（decide） D
- ABCDE法
- A — 问（ask）
- B — 呼吸（breath）
- C — 平静（calm）

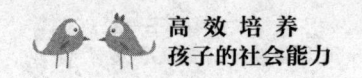

A：问问你自己（ask）

有时候，我们一出口说话就很冲，并不是因为我们对讲话对象感到不满，只是那种愤怒找不到来由。

所以，在情绪激动时，一定要先问问自己："你现在是什么感觉？""因为什么有这种感觉？""这种情绪能不能自我平复？"

B：进行深呼吸（breath）

当你审视自己时，可以用深呼吸辅助。深呼吸能有效缓解心脏的剧烈跳动，让热血上涌、头脑不清晰的情况快速消失，我们可以更快地恢复到理性状态。

C：平静下来再说话（calm）

不平静就不开口，只有真正保证心态平稳了，再开口说话。这种方式，能让我们在跟孩子交流之前就解决掉80%以上的语言问题和矛盾。因为情绪激动时说出的话，总会受到主观影响变得更加偏激、有更强的攻击性，这往往是造成接下来的矛盾的根本原因。

D：确定孩子到底想做什么（decide）

为什么我们会生气，是因为孩子做错了什么吗？那这种错误是原则性的错误，还只是因为没有满足我们的期待呢？

有些孩子因为没有按时完成作业、在规定时间之外玩耍之类的原因让父母生气，但这不代表我们就可以责备他。如何让孩子变得更好，怎样教育才是更有利的，这是我们需要思考的问题。

E：拥有同理心（empathize）

很多父母并不理解孩子到底想说什么，也不理解他想要什么，更不明白他所处的境况和他的处理方法，就从大人的角度去看待这些事，这未免有些片面。

在家庭生活中，父母应该既做家长又做家庭的法官，听取孩子的看法一样很重要，否则很容易出现单方面的误判，导致忽略孩子的难处、想法和需求。

不过，一切体贴和了解的基础，都建立在我们前期的平复情绪上，所有有效沟通的前提都是双方的情绪稳定，这是不可忘记的。

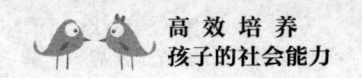

☆ 合理性：生气是拿孩子的错误惩罚自己

愤怒的情绪不能倾泻在孩子身上，并不意味着家长就不能生气。

有了孩子以后，家长才会发现，那些想象中的小天使并不时时存在，再乖巧的孩子也会在某一刻变成小"恶魔"。教育孩子，往往是一场让自己习惯愤怒的持久战。

在孩子身上发泄愤怒是不可取的，但合理表达我们的生气却非常重要。让孩子了解到做什么事情会让家长生气，再引导他产生基本的是非观，让他明白什么是对的、什么是错的，并在一些原则性问题上以更加慎重的态度去对待。

所以，父母不是不能生气，而是要用合适的方法去表达。

"你看看你扔的这一地东西，自己的玩具都不知道收拾，连三岁的小弟弟都比你强。"菲菲妈妈又因为孩子没有收拾玩具这件事情，忍不住发了脾气。

这也是情有可原的，尽管妈妈多次教育并且强调让菲菲学会自理，但在某些事情上比较懒惰的菲菲，经常把妈妈的强调当作耳边风,偶尔这次听了,下次又忘了。久而久之,妈妈很难抑制自己的情绪。

但明明道理在妈妈这边,每次用这种指责的态度对菲菲说话时,小姑娘总会羞愤得满脸通红,最后站起来跟妈妈吵嚷,更不收拾玩具了。

对此,妈妈表示这都是因为孩子的脾气太差。

除了菲菲的性格过于倔强之外,妈妈在这件事上的表达语气也有些需要注意的地方。大部分人在生气的时候,总是喜欢用"骂"的态度来表达,更重视发泄情绪,却把生气的原因、解决问题的目的丢在脑后。

这种办法当然能迅速传达出我们的不满,但除了让对方知道我们生气之外,起到的教育作用非常有限。

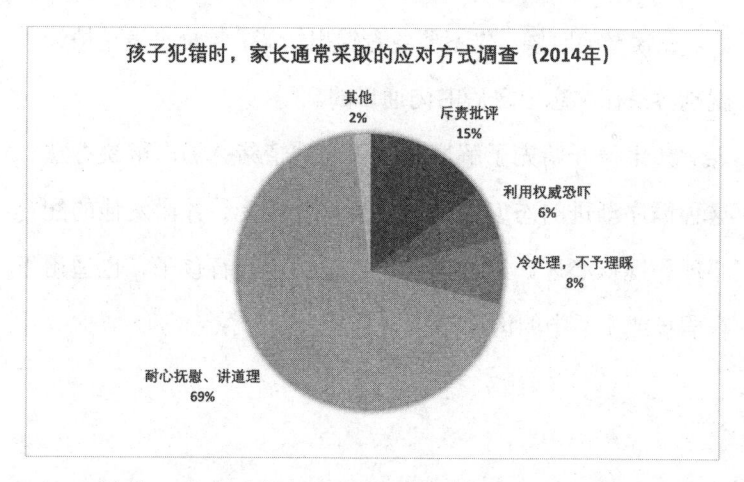

孩子犯错时,家长通常采取的应对方式调查(2014年)

- 其他 2%
- 斥责批评 15%
- 利用权威恐吓 6%
- 冷处理,不予理睬 8%
- 耐心抚慰、讲道理 69%

同样是不记得收拾玩具这件事,茹茹妈妈的应对方法则有些不同。

看到孩子把玩儿了一地的玩具随手一扔,就准备去吃午饭,而自己还要跟在孩子屁股后面收拾,茹茹妈妈心里并不开心。但她没有上来就指责孩子,而是略微严肃地问:"为什么不收拾这些玩具呢?咱们上次不是说好了吗,要自己收拾。"

茹茹有些不好意思地说:"我刚才给忘了。"

"忘了啊,那你现在该怎么办呢?妈妈现在有点儿生气,因为你答应了的事情没有做好,但是我答应你今天吃炖牛肉,我就做到了。"

"我现在就收拾!"茹茹听了,立刻跑过去收拾玩具,"妈妈别生气了。"

有时候,跟孩子讲话是这样,其实跟成年人讲话也是如此。在愤怒的时候,先不要急着抛出情绪,越早去表达情绪,就越容易让你忘记之后的沟通目的。

如果一开始先了解情况,再表达情绪并提出解决办法,这种循序渐进的态度会让对方更好地接受,并激发他的配合心理和愧疚心理。这种方式不仅适用于教育孩子,也适用于在职场或生活中的沟通。

【高效培养要点】

第一步：越是糟糕的情况越要先了解清楚。

让家长崩溃的瞬间，往往是那些十分糟糕的场景——也许是孩子闯了祸，也许是难以收拾的烂摊子，也许是增加我们劳动的行为。但在发火之前，我们首先要知道到底为什么会出现这种情况，听孩子解释一下。

通过对事件的深入了解，我们才能把握孩子的情绪状态和态度，才能在接下来的沟通中掌握主动权。同时，这个过程也可以给我们留下足够的时间，平复自己的情绪、思考措辞。

第二步：合理表达自己的情绪。

在了解情况之后，一定要让孩子明白你此刻的担忧或愤怒或紧张。如果不管孩子闯下了什么祸，我们都在背后笑眯眯地说没关系，会让孩子不能重视问题的严重性，进而忽视危险。

所以，在原则性问题上，一定要用严肃的态度来让孩子明白问题的重要性，也要传达我们生气、紧张、焦虑的原因——一切都是因为关心。

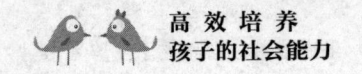

第三步：提出一个解决办法跟孩子沟通。

既然问题已经分析清楚了，孩子也明白了家长的情绪，下一步就是解决。

在生气之后，一定要让孩子自己去解决问题，而不是全权交给父母，这在某种程度上是对孩子的惩罚也是锻炼，让他明白下次应该怎么做。而我们要做的就是给孩子一个解决办法。

如果你担心孩子逆反性比较强，就可以将解决办法处理为几个选项。有了选择权，孩子的思维自然会从"做与不做"转移到"怎么做"上，就避免了很多问题。

☆ 会理解：做错事的孩子，不等于是坏孩子

根据2010年的一项调查，有了心里话时，只有26.7%的孩子选择告诉父母。亲子关系之间的隔阂，经常出自沟通不畅。比如，当孩子做错事时，你是否会跟他发脾气？这就容易造成孩子跟父母的沟通障碍。

"倾听孩子心声"调查（2010年）

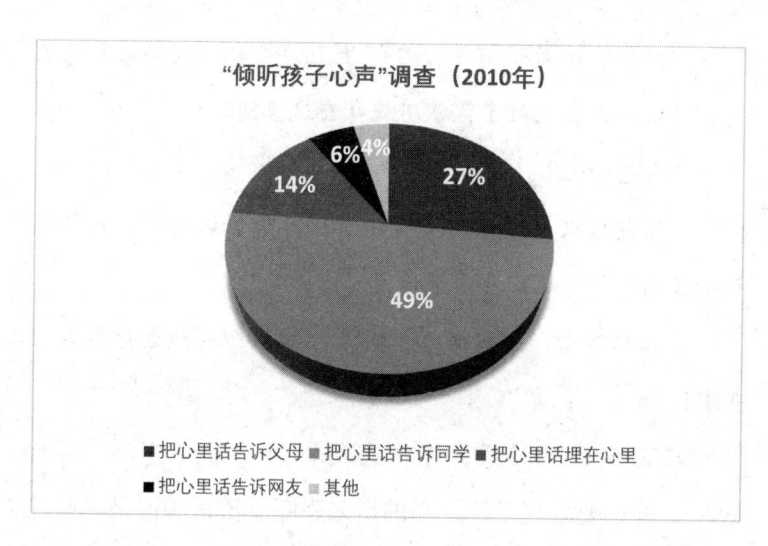

- 把心里话告诉父母 27%
- 把心里话告诉同学 49%
- 把心里话埋在心里 14%
- 把心里话告诉网友 6%
- 其他 4%

父母之所以会跟孩子发脾气，除了少数时候是无缘无故发泄自己的火气之外，大多数时候事出有因。

孩子的个性不同，理解能力又比不上成人，家长和孩子就存在一些沟通问题，种种原因导致父母跟子女之间出现摩擦。

但是，哪怕孩子做错了事，父母也要注意自己的沟通方式，不要使用过分严苛的态度。没有人会永远正确，做错事是正常的，做错了不等于是坏孩子。

"乖乖地坐在那里，妈妈正在擦地，不要到处乱跑。"妈妈叮嘱小琳地面湿滑，很担心她在地上跑来跑去会摔倒，哪怕没有摔倒也会踩上脚印，卫生工作就白做了。

但一转身，原本答应得好好的小琳，突然从椅子上跳下来，吧嗒吧嗒跑向了桌子。

"站住，不是说好了坐在椅子上的吗？"妈妈又累又生气，"给我回去坐好了，要不就待在这里别动。"

"我想……"

"你想什么想，还听不听话了？不听妈妈的话，是坏孩子知道吗？"妈妈有些严厉地说。

小琳嘟嘟嘴："妈妈总说我是坏孩子，我知道你不喜欢我啦！"

教育孩子的时候，经常有父母用"坏孩子""不听话""爸妈要生气了"之类的话来恐吓小孩，哪怕是一些并不严重的错误。有些父母的态度非常严厉，甚至动辄从孩子的天性、本质、为人处世等方面来评价，认为孩子"天生调皮""喜欢惹事""不懂看眼色"等。

也许家长只是想用强调的态度来让孩子意识到问题所在，但长此以往，频繁出现的负面词语和"坏孩子"的形象标签反复被提起，很容易打击孩子的积极性。

而且，父母过于严苛的评价与说教态度，会在一开始就激发孩子的反感，接下来所说的话只会让孩子产生抗拒，或者感受到父母的打压、不喜，降低他在家庭中获得的安全感。

女儿小彤要上小学了，妈妈一直担心在家里非常懒惰的孩子不能适应学校生活。

结果第一周结束时，老师就对来接孩子放学的小彤妈妈夸奖道："小彤在学校里非常热心，值日的时候会主动打扫教室，这么小就能做到认真负责，非常好！"

小彤也觉得很骄傲，特别高兴地跟老师告别。小彤妈妈虽然放下了心，却又忍不住说："在老师面前倒是挺勤快，是不是就顾着讨你老师喜欢了？在家里我倒是没见过你打扫卫生，椅子拉出来都不会主动推回去。"

小彤听到这话之后，脸上的笑容立刻消失了，跟霜打的茄子一样蔫蔫的，接下来妈妈说的所有内容，她都没听进去。

孩子对语言中带有的情绪语调是非常敏感的。父母是耐心的平等沟通，还是自上而下的严肃教导，抑或是一种传达负面评价的语气，孩子都能听得出来，并从中受到影响。

哪怕是成年人，能够淡然面对批评的也是少数，大多数人在受到批评时都会觉得面子上过不去，心里难受并产生抗拒。

孩子也是一样的。如果我们从一开始就对犯错的孩子进行强烈的讨伐，孩子一定会非常反感、沮丧，接下来真正有意义的思考和交流反而被打断了，孩子根本不可能听到父母后面所说的道理。

所以，在孩子做错事时，要通过沟通让他意识到自己的问题，而不是让他觉得自己是"坏孩子"。

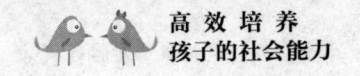

【高效培养要点】

方法一：多说为什么，少用"你如何"。

孩子做错事时，我们总要跟他讲道理，但是不同的沟通方式带来的效果截然不同。

如果我们跟孩子解释"这样做为什么是错的"，说出被影响的人的感受，孩子更容易因为同理心而明白对方的困扰，从而产生愧疚并乐于做出改变。比如，在幼儿园午睡时，孩子大吵大闹，你知道后可以说："如果宝宝在睡觉的时候，妈妈在一边唱歌把你吵醒了，是不是很难受？现在你在吵闹，其他小朋友也觉得很难受。"

如果用"你怎样怎样"，语气则很容易变成指责。比如说，"你怎么能在别人睡觉的时候大吵大闹"，这容易传达出一种"你很烦""你很坏"的感受，让孩子觉得不被人喜欢。

方法二：告诉孩子，我理解你，做错事并不可怕。

有教育专家指出，严厉的父母往往会养育出懦弱的儿女。生活中，如果抓住孩子的每个错误不放，又盯着改正，孩子的确可以变得更乖巧，但个性也会受到影响。

让孩子改正错误，但也要让他知道什么是错误，错误跟做错事的人无关，"做错"本身不可怕。所以，当孩子犯错时，我们首先要告诉他"我理解你"，跟孩子站在一个阵线上，让孩子明白你的态度。然后，告诉他"做错事不可怕，我们只要这样改就好"，不要让孩子恐惧"做错"，而是让他乐于从中积累成长的经验。

方法三：就事论事，不要牵扯其他。

许多家长爱"翻旧账"，当抓住孩子的一个错误进行教育时，经常会突然联想起其他问题，话越说越复杂，牵扯的事越来越多，最后能把孩子记事以来犯的错都说一遍。

这种外延发散的习惯并不会起到很好的教育效果，只会让孩子发现，只要是在家长那里"登记"过的错误，不管有没有改正都会反复被提起，这样就会让他产生逆反心理。

让孩子知错能改，重点当然是在让他"知错"与"能改"上，而不是让他觉得犯错就是坏孩子，这是两种截然不同的概念。

在沟通中，前者重教育，后者关注惩罚，而我们的目的永远是为了孩子变得更好，绝不仅仅是让他意识到错误、感到羞愧，不是吗？

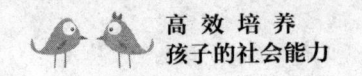

☆ 找方法：让孩子知道自己错在哪里

有时候，很多家长都会觉得孩子简直不可理喻：

"我都已经这么生气了，他却还在一边呵呵笑。"

"把妈妈辛苦收拾好的屋子搞得一团糟，可说他的时候，他根本不理解，还委屈地哭。"

"完全没法交流，你跟他说这个，他跟你扯那个，思维都不在一条线。"

孩子就像是从另一个星球来的小生物，并不像成年人一样都能顺畅地交流，总会遇到不同的问题。不过，大多数家长觉得跟孩子无法沟通，只是因为自己没有找到良好的沟通方法。

当孩子做错了事，家长上来就说教、训斥，让他认错，是不是常常遭遇到意料之外的应对？就因为你的方法错了。

你没有让孩子知道他错在哪里。既然不知道错，他又何来认错呢？

小牧是个倔强的孩子，还不爱说话。有一天他出去玩儿，跟小朋友在楼下的花园里玩到天黑才回家,刚一进家门,他就被黑着脸的爸爸揪住了。

"你跑哪里去了?怎么也不说一声?现在都几点了你才回来?"爸爸拎着他的衣领焦急地说。

妈妈哭着拍打他:"在楼底下找了你半天,你知道妈妈有多害怕吗?你知不知道你犯错了?"

小牧沉默地低着头,看着自己的脚尖。

"怎么,你还委屈了?不认错?"爸爸一看小牧不承认错误,很生气,就想要打他。

小牧这才委屈地说:"我就是跟小朋友去玩儿了,我做错什么了啊?"

在孩子的角度看,他只是出去玩了一会儿,"玩"这件事本身没有错,所以他并不明白自己为什么要认错。家长只让孩子认错,是因为家长先入为主地以为孩子应该懂得这些道理,知道这种行为会让家长担心。

事实上,孩子压根儿不知道这些,这正是家长需要教给他的。

所以,我们应该先让孩子知道他错在哪里,解释清楚了,孩子才能懂得认错。这种方式,也避免了让孩子误解自己的错误,搞错重点。

洋洋喜欢玩乐高玩具,尤其乐高机器人系列,家长也很看好孩子通过这种积木游戏,锻炼提升编程思维。只是有一

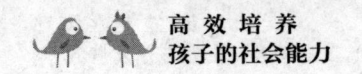

次，洋洋在制作机器人时不小心把其中一个核心零件弄坏了。

智能汽车原本是可以遥控操作的，现在突然变成了积木模型，以后再也动不了了。妈妈有些心疼地说："怎么就弄坏了呢？这么贵的玩具，现在就没法玩儿了。"

洋洋听到妈妈的话，好几天都闷闷不乐的。后来妈妈再说给他买乐高玩具的时候，他总是摇头说："我不要了，我不想玩儿。"

妈妈以为洋洋不喜欢这种玩具了，还有点儿失望，可是问了几次才发现，洋洋是觉得积木坏掉钱就浪费了，妈妈会不高兴，他就不想玩儿了。

洋洋妈妈在表达自己情绪的时候，没有让孩子知道问题所在——她是想让孩子下次小心一点儿，而不是抗拒孩子玩这个玩具。但因为表述不清，没有跟孩子沟通好——在洋洋看来，就是对他玩玩具的不满，所以他干脆以后也不想玩了。

这就是有些父母不告知孩子错误问题的后果——孩子不知错是一方面，而错误地定位了自己的问题，进行错误的改正又是另一方面。

【高效培养要点】

方法一：强调孩子错在哪里，而不是发泄情绪。

孩子做错了事，家长肯定会不高兴，但发泄情绪是次要的，就像前面所说，想让孩子受到教育并去改正，就一定要先让他理解自己错在哪里，而不是急着告诉他"爸妈生气了"。在沟通时，多跟孩子说"为什么你错了""这件事怎样是不对的"，解释清楚情况，孩子才能知道如何改正。

```
怎么改进 — How          Who — 谁错了
            ┌─────────┐
            │ 分析错误 │
            └─────────┘
为什么是错的 — Why        What — 做错了什么
```

方法二：引导孩子多去思考，家长多去提问而不是定义。

我们不能总是替孩子总结或者定义一件事，而是通过多发问来引导孩子思考，让他沿着自己的思路逐渐找到问题所在，并领悟解决的办法。

"你知道错了，那现在你该怎么办呢？"

"我去把东西收拾好，然后跟小朋友道歉。"

这样的对话方式，远远比家长直接告诉孩子"你去收拾好东西给人家道歉"来得更有效，因为孩子是发自内心的思考结果，下一次遇到同样的情况，他的处理方法就会成熟很多。

方法三：让孩子进行总结、确认。

错误出现之后，从找到问题、思考解决方法到处理完

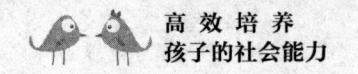

毕，是一个完整的流程，这个流程我们应该鼓励孩子自行去走完。

等一切处理完毕后，我们还应该抓住时机，让孩子对之前的流程进行一次总结，讲一讲他的思考和总结的经验。

养成这种对错误进行总结的习惯，可以让孩子在以后养成良好的纠错能力。这既是培养孩子正确的是非观念，也是提升他执行力的一种做法。

第三章

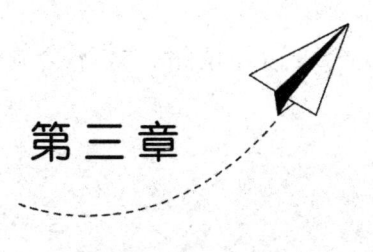

引导情绪，
高效提升孩子的情商

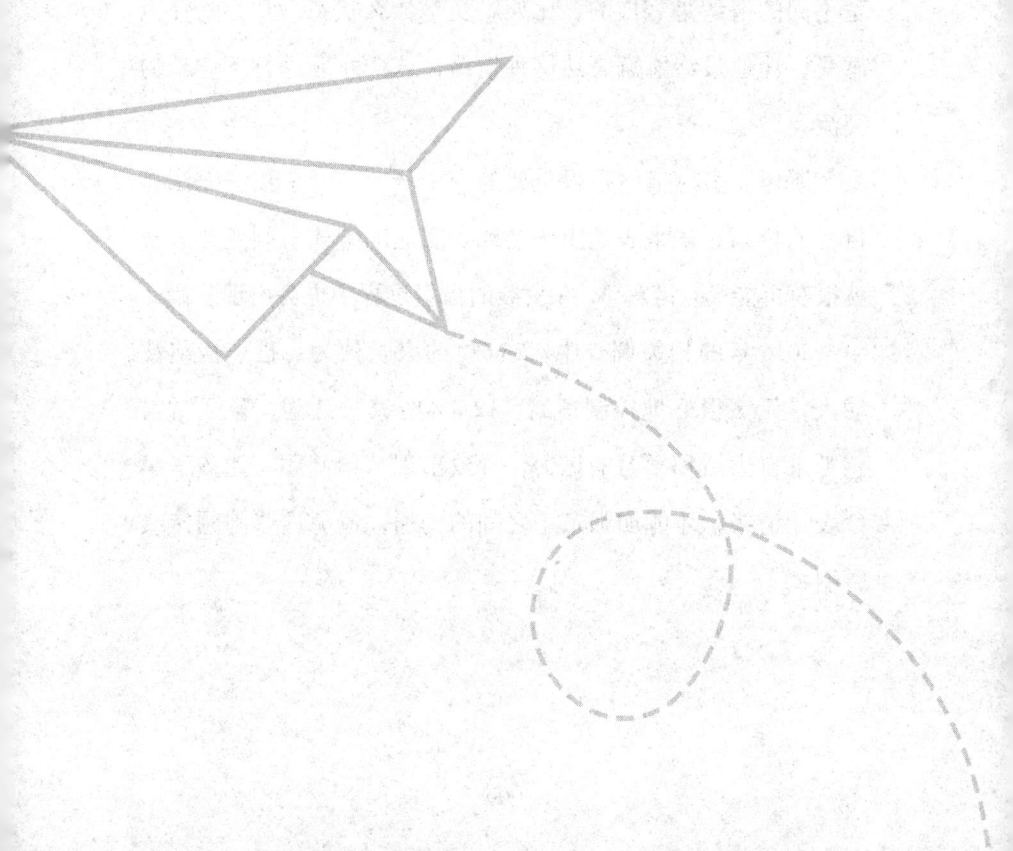

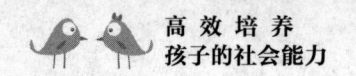

☆ 会表达：会表达坏情绪，才不会闹情绪

正确表达情绪，是让孩子学习控制情绪的第一步。

如果想让孩子能够在情绪上拥有自控力，一定得让他清楚不同的情绪是怎样的，比如难受是什么状态、开心是什么感受，让他最终愿意表达这种情绪，这样才能进行下一步的交流。

所以，表达情绪是很重要的一个环节。一个孩子无法将自己的情绪正确地表达出来，或者表达的方式有问题，家长就很有可能"会错意"，在后续的指引过程中也会出现差错。

2016年的相关调查中，28.6%的家长认为，孩子情绪波动大，无法很好地控制情绪；12.7%的家长认为，孩子常常感觉来自生活和学习的压力，导致出现情绪问题。让孩子学会表达情绪，才能加强亲子之间的沟通，避免这些问题持续影响。

孩子的情绪问题调查（2016年）

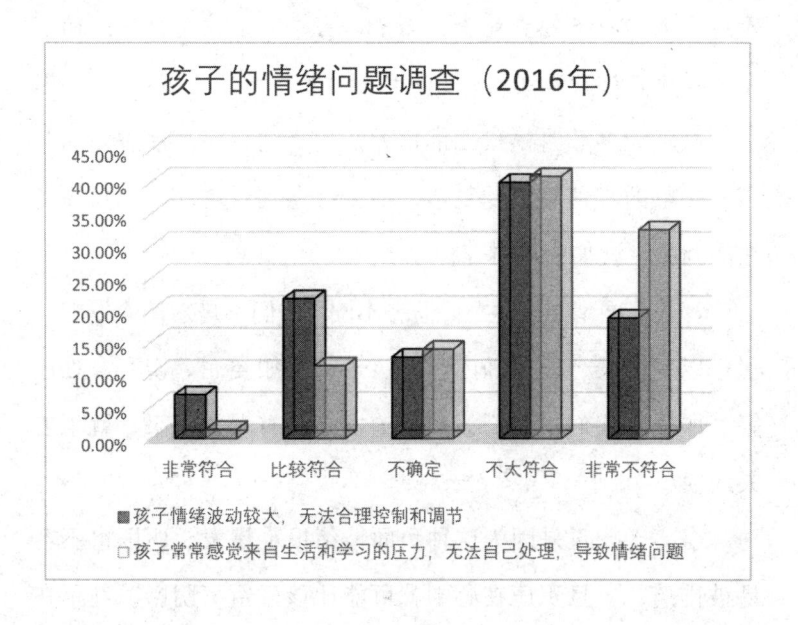

	非常符合	比较符合	不确定	不太符合	非常不符合
孩子情绪波动较大，无法合理控制和调节	~7%	~22%	~13%	~41%	~20%
孩子常常感觉来自生活和学习的压力，无法自己处理，导致情绪问题	~3%	~13%	~16%	~42%	~33%

比如，孩子明明是激动的，却被家长当成是生气，就算你再怎么教育孩子不能发火，孩子也完全体会不到你说的意思——因为他压根儿没有生气呀！

上个月，琳琳过生日，父母满足了她的一个小心愿，给她买了一对小鸡养。

琳琳很喜欢小鸡，也坚持亲自给小鸡喂食喂水、清理粪便，父母看着也挺高兴的，觉得孩子这样做可以培养责任感和爱心。没想到，这几天突然降温，家里太冷了，小鸡一夜之间都冻病了，不到一周就死了。

小鸡死了以后，琳琳就一直心情不好，最近这几天总是蔫蔫的，妈妈问她是不是不开心，她也只是摇头。但是妈妈

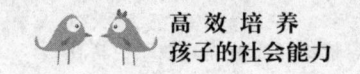

看得出来，孩子一直处于负面情绪当中，应该是挺伤心的，怎么样才能让孩子快点走出这种情绪呢？

虽然大多数时候孩子都是无忧无虑的，但当他进入幼儿园后接触的事情越来越复杂，难免会遇到让自己产生负面情绪的问题，就如同琳琳一样。

有些负面情绪与生气、愤怒不同，它们不是短期爆发的，但可以在很长一段时间内影响孩子，比如委屈、伤心、难过等。所以，我们不能因为孩子的情绪没有爆发出来，就不去关注他。

事实上，正是因为这种负面情绪很难爆发，所以也不容易被排遣，一旦积压在心中就可能让孩子留下阴影，甚至在长大后回想起来还容易心情不好。

【高效培养要点】

第一步：要给孩子表达负面情绪的机会。

有些家长只希望孩子表达积极的情感，比如快乐、幸福，但对孩子的负面情绪却是避之唯恐不及，经常给孩子灌输"哭就不是男子汉""好孩子不随便生气发火"这样的理论，其实就是在暗示孩子——负面情绪是不好的，你不能有。

但是，孩子怎么能控制自己不产生负面情绪呢？

当他产生了这种情绪，却被教育说不能表现出来，就会习惯于积压在心里，时间久了会让孩子越来越内向、沉默，影响孩子的性格。

第二步：倾听孩子的想法，帮助他转移负面情绪。

我们常说快乐需要与人分享，悲伤也一样。前者分享后会变得更快乐，后者则可以消解悲伤，所以分享、倾听可以帮助孩子疏导那些负面情绪，尤其是孩子在感情上的负面情绪。

当孩子感到不愉快、低落、哀痛、委屈时，家长应该做的不只是劝导，而是让孩子做主角，给孩子倾诉的机会。让孩子向你敞开心扉，然后提一些有帮助的建议，尽量引导孩子往更好的地方想，可以帮助孩子转移注意力。

第三步：转移注意力，消灭负面情绪。

孩子的注意力比较容易被其他事情吸引走，如果他长时间因为一件事感到沮丧，最好的办法就是找一件其他事情吸引他的注意力，让他忘记令自己沮丧的事情。等到过一阵子再回忆，孩子的负面情绪就会变得很淡了。

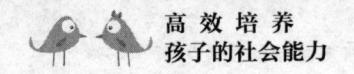

☆ 懂体会：正面引导，教孩子体会情绪

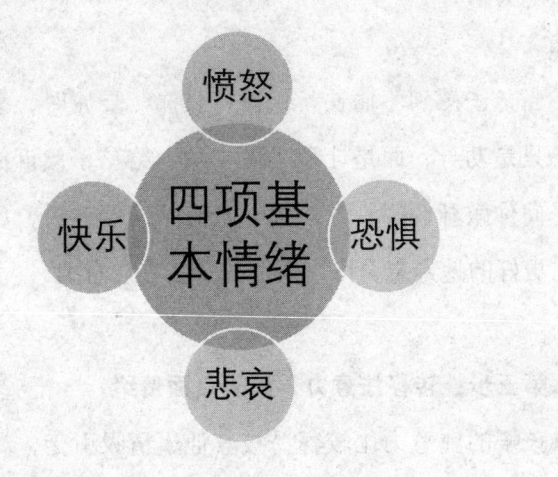

四项基本情绪：愤怒、恐惧、悲哀、快乐

情绪到底是什么？

作为成年人，我们当然可以清楚地把控自己的情绪，懂得什么是喜悦、什么是悲伤，愤怒时有什么表现、恼火时有什么心情，但对于幼小的孩子来说，他很难准确地体会到情绪。

上个月，妈妈带小敏去姥姥家做客，正好她的舅舅也在。小敏的舅舅喜欢小女孩，所以对小敏很宠爱，但是平时又非常喜欢逗弄她，比如故意作势要去抢小敏的玩具、假装把小敏的零食吃光，然后看她又无奈又生气地喊"臭舅舅"，这个习惯从小敏还小的时候一直就有，到现在也不改。

这次也是一样，不过因为小敏现在都不怎么上当，所以舅舅是真的把姥姥留给她的蛋糕吃了，才告诉她这件事。一开始，小敏以为舅舅又在骗自己，所以还不肯信，最后发现是真的，一下子伤心了，就蹦出一句："我恨死你了，恨你！"

舅舅也有点儿吃惊，就问她："你真的恨我啊？"小敏就使劲点了点头，这下可真让舅舅又不好意思，又不是滋味。

妈妈知道，小敏应该是想表达"生气"，但是她也不清楚自己到底是什么心情，就觉得应该是"恨"了，其实哪会有这么强烈的反感呢？还好面对的是她的舅舅，要是别人听到孩子说出这种话，大概会觉得她很记仇、小心眼吧！

就像小敏妈妈说的，在幼儿阶段的孩子对情绪的把控能力不强。在上幼儿园之前，孩子的日常生活较为枯燥，所以他感受到的情绪都比较单一，所以对一些典型情绪有认识，但对于较为复杂的情绪就没有什么体验的机会。

在最开始，孩子可能只能区分出"高兴"和"不高兴"两种情绪。而在幼儿园的第一年中，他能逐渐开始区分正面、负面情绪之间的细节，并且知道这些情绪都是因何产生的。但是，孩子对复杂的感受还是缺乏一定的认知，就比如案例中表现的这样，也比如同时感受到好几种情绪。

包包爸爸是个脾气比较直接的人,有时候说话相对严厉,每次教育完孩子,包包总是垂头丧气,好久都闷闷不乐。

包包妈妈跟包包爸爸沟通完教育方式,又去问包包:"你是不是生爸爸的气了呀?"

包包摇摇头。

"那你为什么坐在这里不高兴呢?"

包包迷茫地说:"我感觉爸爸不喜欢我,又觉得爸爸是为我好,我心里有点儿难受,又觉得不能生气……我是生病了吗?我感觉自己喘不上气来了。妈妈,爸爸到底爱不爱我呀?"

这种复杂的感觉,让包包很难弄懂。

假如父母让孩子生气了,孩子会产生"虽然生气,但也尊敬、爱对方"的情绪,这种情绪就是复杂的,孩子可能只能分辨出其中的一种。此时,我们需要不断提高孩子对情绪的认知,多让孩子体会情绪,他慢慢就会了解了。

为什么要做到这一点呢?因为只有懂得自己有什么情绪、原因是什么,孩子才会更有"感性"的一面,明白需要回应别人的情绪。这样在生活中,孩子会显得更加体贴、有同情心和同理心,能够帮助别人并且为别人着想,在社交上表现得更好。

所以,体会情绪很重要,这也是让孩子学会表达情绪之前的第一步。

【高效培养要点】

方法一：让孩子懂得关于情绪的基本问题。

我们应该让孩子明白，每个人都有自己的情绪，不能永远让别人照顾他的想法；情绪并不是无缘无故出现的，而是有原因的，因为有了让自己快乐的事，才会"快乐"；情绪就是一个人想法的展现，所以当一个人表现出某种情绪，我们就应该知道他在想什么；每个人都会拥有不同的表达情绪的方式，并且让孩子初步体会一下自己的情绪表达方式是怎样的。

方法二：给孩子的情绪"定性"。

有时候，孩子并不清楚自己的情绪是什么，所以需要家长来给孩子的情绪定性。

其实，孩子是非常敏感的，他可能内心已经五味杂陈了，但是碍于自己的语言表达能力不足，所以总是用错词或者不会形容，此时家长就要帮助他丰富"词库"。

比如，孩子说"我恨你"的时候，家长可以问："你真的恨我吗？你好像只是有点儿不高兴，因为我让你感到委屈了，是不是？"这就是给孩子的情绪定性，让他知道这并不是"恨"，而是其他感情的流露。

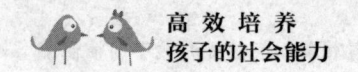

方法三：在游戏中让孩子体会情绪。

在日常生活中，孩子体会不同情绪的机会较少，我们可以让他在游戏中通过模仿等方式，来表达一些情绪。比如，"我比画，你猜"之类的游戏，可以很好地锻炼孩子对情绪的理解能力和表达能力，孩子在玩的过程中就经历了一个从认识到理解、再到表达的完整流程。

方法四：在跟同伴的交往中多关注对方的情绪。

同龄人之间的共同点更多，所以孩子在跟同龄伙伴交往的时候，往往更能够理解对方。我们可以让孩子在交往过程中多观察伙伴的情绪，体会对方的感受，一方面可以让孩子更加体贴，另一方面也能让孩子学会体会和掌控情绪。

☆ 去沟通：教孩子正确倾诉喜怒哀乐

孩子不想或者不会表达自己的情绪，其实是非常常见的事情。

首先，孩子可能并不了解自己产生的这种情绪到底是什么，所以不会表达，只会用自己的方式展现。举个简单的例子，一个孩子可能知道生气的滋味，但是并不知道"生气"该怎么表达，所以他生气时会下意识地伤害自己或者破坏周围的物品。

还有一种情况，就是孩子不知道自己可以用某种途径去表达情绪，无法正确倾诉喜怒哀乐。

冬冬的个性并不腼腆，但是非常"闷"，从不喜欢跟别人聊天，平时能用一个字解决的问题，绝不说两个字。

几天前，爸爸本来说要带冬冬去游乐园玩儿，最后因为工作原因食言了，这让冬冬非常失望，气得攥着拳头站在角落里。

妈妈怎么喊他也不回应，妈妈就问他："冬冬，你是不是生气了啊？你有什么想法跟妈妈说，妈妈帮你解决。"冬冬明明挺生气的，但他就是不说，就这么一直站着默默地流眼泪。

还有，在幼儿园里，小朋友拿走了冬冬的橡皮没有还，冬冬就有点儿不高兴。但是他也不表现出来，就是整天这样闷着，家长也猜不出是怎么回事。后来，还是小朋友把橡皮还回来，他才"开朗"了起来。过后，妈妈才知道是因为这件事惹得冬冬不高兴了。

冬冬总是这样将负面情绪闷在心里，不管是生气还是不

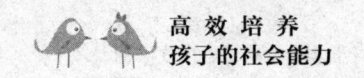

高兴，都不向别人展现出来，似乎也不懂得如何表达情绪。

有的孩子就像冬冬一样，性格、行为都比较内敛，也就是我们俗称的"闷性子"，有什么想法和情绪波动都不爱表现出来，从肢体语言上看不出，问他也不回答，最后只能根据他细微的表现察觉出来。这也是一种不会表达情绪的情况。

还有的时候，孩子愿意表达情绪，但是选取的方法不对也会导致出现问题。

小蕾从小就是个气性大的孩子。

有一次过年，好多亲朋好友聚在一起，几个孩子把饭桌弄得一片狼藉。此时，小蕾听到妈妈在教育自己，发现周围的人都笑话她，她就生气了。她抓起桌子上的筷子，"啪"的一下丢在了地上，叉着腰，瞪着妈妈不说话。

小蕾只是因为周围大人的笑，觉得自己被嘲笑了，但表达愤怒的方式不当。这立刻让妈妈意识到问题：这么粗鲁的行为，以后不是会养成坏毛病吗？

一些孩子的负面情绪表达方式有些失当，必然会遭到长辈的严厉训斥。但训斥只会让孩子逆反或恐惧，不能起到教导他正确表达情绪的作用。

不管哪种情况，若能在这个年龄段进行引导与教育，让孩子学会通过积极有效的方式表达自己的情绪、与别人正常交流，对孩子的成长有很大帮助。

我们要做的，就是鼓励孩子用"说"的方式来表达他的情绪，不管是生气还是悲伤、快乐还是兴奋，要在第一时间"说"出口。

随着成长，孩子已经有了"说"的能力，也能清楚感受到内心的需求。通过家长的引导和鼓励，只要将其联系在一起，就能让孩子大胆"说"出想法。

如果孩子一直不善于也不积极表达自己的想法，负面情绪累加就可能对他的成长造成不良影响。时间久了，他再去改变就很难了。

【高效培养要点】

方法一：耐心是最好的良药。

家长不妨去了解一下孩子，看看自己是不是真的理解孩子在想什么。当明白了孩子不肯表达自己情绪的原因之后，拿出十足的耐心去引导、帮助他，这是让他大胆、真实说出自己内心感受的有效方法。

方法二：让孩子明白学会表达自我情绪是一件"好事"。

之所以这样做，一是因为孩子正处于认知的快速成长、塑造期，意识还比较懵懂，但又很容易被引导，让他产生这种清晰的认知，可以有效引导他向好的方向转变；其次就是，孩子的行为在这一时期也并不稳定，有时会跟家长沟通，但

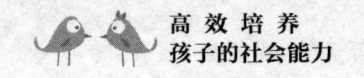

有时又不想说一句话。

所以，要想让孩子有话直接说、正常表达自己的心理状态，家长不可采取急躁、呵斥、批评的教育方法。

方法三：引导孩子用"说"的方式来交流情绪。

有些孩子表达自己的情绪喜欢用"动作"，比如，生气了就扔东西、打人，难过了就藏在角落里，高兴了就蹦跳喊叫，这些都是不太恰当的表达方式。我们应该鼓励孩子将自己的情绪"说"出来，这样可以让他的负面情绪得到舒缓。

比如，当孩子因为生气而默默哭泣时，家长就可以过去跟孩子交流，并且告诉他："你生气了吗？生气就要说出来，大声说'我生气了'，别人才知道你现在不开心，才会来帮助你啊！"

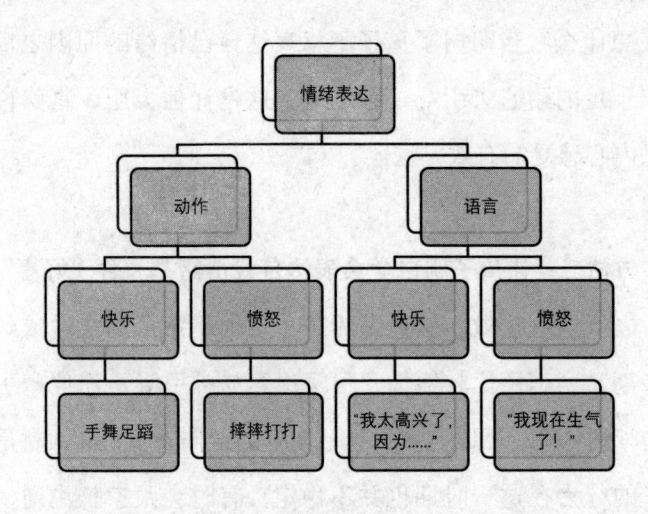

```
                    情绪表达
                   /        \
                动作          语言
               /    \        /    \
            快乐   愤怒    快乐    愤怒
             |      |       |       |
          手舞足蹈 摔摔打打 "我太高兴了， "我现在生气
                            因为……"    了！"
```

方法四：尽量用描述性语言来描述孩子的情绪。

一些孩子对自己的情绪不太了解，家长就要用细节性的描述语言来描绘。比如，当孩子不开心时，你可以说："我看你坐在这里好久了，特别没精神的样子，是不开心吗？"当孩子感觉委屈时，你就说："刚才是不是小光冤枉你了？你心里是不是觉得闷闷的不舒服？"

这些描述性语言会帮助孩子认识到，原来他的感受是这种情绪。孩子体会到了情绪，表达起来就会比较顺畅。

☆ 时间表：你跟孩子交流的时间够了吗

要想让孩子能顺畅地表达情绪，并且将正确的内容传达给父母，父母平时就得注意多跟孩子进行沟通，尤其是养成沟通情绪的习惯。

提升跟孩子的交流时间和交流质量，至关重要。

妈妈每天下班后都要专心带罗罗，从幼儿园接回孩子开始，她就注重跟孩子交流，让孩子能够跟父母敞开心扉深度沟通。

"你今天在幼儿园都做了些什么呀?"每次接到罗罗,妈妈都要先问这些。

罗罗想了一下,说:"就是跟平时一样,上课,吃饭,老师带我们做活动。"

"那你吃饱了吗?都吃了什么?"

"中午吃的番茄炒蛋……"

"今天老师对你好不好啊?"

"好啊……妈妈你别问了,待会儿表哥来不来家里呀,我想跟他玩乐高。"说着说着,罗罗就不想跟妈妈交流了。

妈妈十分苦恼,自己一直在跟孩子沟通,为什么反而是孩子不愿跟妈妈聊天呢?

其实,把握好沟通的效率,十分钟也比一小时强。如果我们只是单纯地询问孩子一些日常生活中、学习上的事情,就无法激发孩子的表述兴趣和想象力,也不能讨论出什么有用的结果。

当孩子在学校中度过了一天,我们最好问孩子:"今天开心吗?"如果觉得孩子有了负面情绪,就要多去了解,问问他"为什么会生气""怎么不高兴了",这样父母就能知道孩子的情绪状况,才能帮助他去解决。

所以,沟通是让孩子顺畅地跟父母表达情绪的基础。想要做到了解孩子的情绪,你首先得了解孩子平时的想法和思维,这样才能正确推测他的情绪状况并针对性地解决。

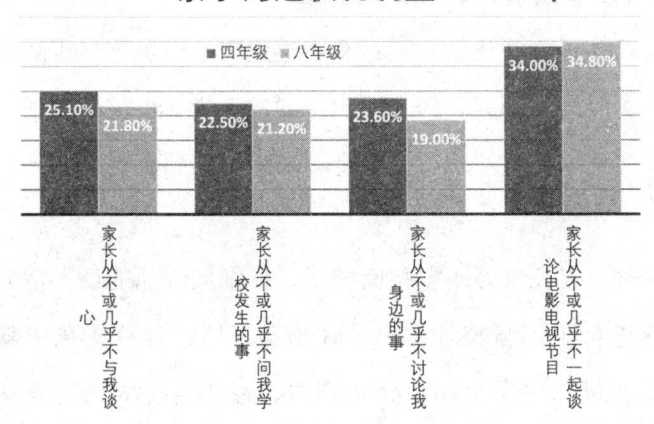

亲子沟通状况调查（2018年）

■ 四年级　■ 八年级

- 家长从不或几乎不与我谈心：25.10% / 21.80%
- 家长从不或几乎不问我学校发生的事：22.50% / 21.20%
- 家长从不或几乎不讨论我身边的事：23.60% / 19.00%
- 家长从不或几乎不一起谈论电影电视节目：34.00% / 34.80%

【高效培养要点】

方法一：尽量少问孩子概括性的问题。

家长与孩子进行交流时，最好不要问一些概括性问题，比如"这样你高不高兴""是不是觉得这样挺让人生气的"等。因为这类问题是在让孩子做选择题，不利于他的表达。

"是不是觉得挺让人生气的"这个问题，一般是父母在引导孩子回答"生气"这个答案，不一定是孩子自己的想法，而是父母的暗示。这种交流，父母其实都是在走预设的路，无法开启孩子的思路，你也就无从知道孩子到底是怎么想的。

方法二：组织、整理孩子的语言。

有的孩子喜欢说话，不存在表达障碍，但是这一年龄段还有一个问题，那就是语言逻辑不通顺。听一个孩子说话，有时候会让家长发"晕"，完全不知道孩子到底要表达什么意思。

这时，家长千万不要打断孩子，仔细倾听他的话，然后对内容进行组织与整理，再复述给孩子听。这样，孩子就可以从父母那里学会如何使用词语，锻炼自己的语言表达能力。

方法三：对孩子的表达给予补充。

孩子想要一次性表达复杂的情绪或心理感受，是一个非常难的过程，这就是我们说的"心有千言，一语顿塞"。

这时候，家长不能着急或者大声训斥孩子，甚至越俎代庖地说"我知道你现在怎么想的，不用你讲了"，这会制约孩子提升自己的表达能力。

在孩子不能清楚表达自己的情况下，家长可以给予一定的启发、引导或是鼓励。

家长对孩子的表达内容再加以适当补充，慢慢地，孩子就可以锻炼表达能力并产生想要"说"的欲望，下次再遇到类似问题就可以轻松表达出来了。

方法四：不要取笑孩子用词不当。

这一年龄段的孩子喜欢接受新鲜词语，虽然他还不理解这个词是什么意思，但会主动记忆，所以也会在与人说话时运用到。

因为孩子说得不对，家长就对他进行善意的"嘲笑"，那么，孩子的自尊心极有可能被打击。特别是一些生性腼腆的孩子，只是他人一个小小的嘲笑，就足以让他失去表达的勇气。

总而言之，想让孩子喜欢表达自己的情绪，并且愿意跟父母交流自己内心的感受和想法，良好的语言氛围是必不可少的。

☆ 能克制：正面解读儿童情绪心理学

教给孩子正确处理情绪的办法，十分重要。属于家庭给予孩子的情感支持与保障。

很多父母恰恰在这方面并不擅长，因为父母自己对待情绪的态度也有问题。比如，很多男孩子小的时候，家长总要说："男孩子不能流眼泪，得学会克制。"所以，一些男孩子养成了拼命克制悲痛的习惯，很容易将这些情绪闷在心里不外露，最后给自己带来负担。

这就是父母在指引孩子控制情绪时，提出的方式不科学，导致给了孩子错误的引导。

儿童生存权保障评分（2017年）

■生活照料　■情感支持　■健康保障　■避免意外伤害

- 3.63
- 4.55
- 4.13
- 4.4

上个月，勋勋在幼儿园里跟小伙伴闹了别扭，回来之后一直不高兴。妈妈就问他："你为什么看起来不开心啊？"勋勋告诉妈妈，是因为在幼儿园时同桌非要抢他的玩具玩，那是爸爸刚给他买的玩具，他最喜欢了。

妈妈说："那你不高兴，应该说出来啊！"勋勋说："我说了我不高兴，但他就是不给我，最后我告诉了老师，他才还给我的。"

爸爸却对勋勋说："你这样做就不对了，说一句他要是不听，你就应该用更激烈的方式表达不高兴。一个男子汉，完全可以把他的玩具也抢过来玩儿啊，他不还给你，你也别给他，惹急了就弄坏，爸爸给你赔。"

勋勋爸爸的建议，其实就是在误导孩子错误地处理情绪。

本来勋勋的处理方法虽然稍显软弱，但是符合常理。勋勋并不是不敢拒绝对方，也不是不善于表达情绪，而是在明确表达了自己"不高兴"以后还没能拿回玩具，这就不仅仅是情绪的问题，而是另外一个孩子不讲理，就可以找老师来解决。

但是勋勋爸爸教给孩子"男子汉"的处理办法，却是错误的。如果孩子以后一不高兴就通过各种过分的手段回击对方，甚至随意破坏别人的东西，很容易养成霸道无礼的个性。

年幼的孩子正处于价值观的建立阶段，他会学着开始评价自己，而参考的正是来自父母、老师等长辈的看法。作为家长，如何从正确的方向引导孩子，让他知道什么才是控制情绪的好办法呢？

【高效培养要点】

方法一：不要给孩子提供太主观的意见。

在孩子出现问题时，家长难免会变得比较主观，判断方式、提出的意见也都是对孩子有利的。但是，如果过于倾向于孩子，就可能放宽对他控制自己情绪的要求，让他的情绪显得过分张扬、霸道，有可能让他在学习控制负面情绪时"偷懒"，最终出现各种问题。

方法二：对孩子说过的正确行为方式，要不时提醒。

大多数孩子都想让自己变成一个"好孩子"，所以当我们告诉他如何控制自己的情绪时，孩子往往愿意听，但这不意味着他能一直记着。

家长千万不要天真地认为，孩子只要听过一遍就能记住，就算他实践过一遍都不一定记得住呢。所以，我们看到孩子处理情绪时出现了疏漏，可以重复一下之前说过的正确行为方式。

方法三：尽量不要用单纯的对错来判断孩子处理情绪的方法。

孩子的情绪往往是复杂的，处理的方法也有利有弊。

所以，我们在指导评判时，不应该用黑白分明的"对"和"错"来判断，而是要让孩子知道哪些是好方法，哪些做得还欠佳，态度也应该是鼓励的。这样，孩子下一次去应对情绪的时候会更有底气。

☆ 自信心：给孩子自己处理情绪的机会

很多家长都习惯给孩子"代劳"，看到孩子一旦遇到问题，立刻冲上来帮他解决。这种护犊心态完全可以理解，但是很多时候，我们还是要给孩子时间，让他有自己尝试的机会。

事实上，只需要稍等一等，你会发现孩子能做到的，远比我们想象中的更多。

萌萌是奶奶照顾大的，因为爸爸妈妈的工作都比较忙，直到孩子要上幼儿园了，才接过来自己照顾。

但这之后，爸爸妈妈就发现了一个问题——萌萌特别需要别人哄。

萌萌是个性格比较脆弱的孩子，生活中，她遇到一点儿不适应的问题就爱用哭来解决，动不动就生气或者难过，很容易被负面情绪笼罩。而且，这孩子一哭就是很长的时间，爸爸妈妈都拿她没办法，只好上去哄半天，这才能解决问题。

后来爸爸问了一下，才知道萌萌在奶奶家也常常这样，每次她一哭，奶奶就赶紧哄她、满足她的要求，直到把她逗笑了才停。所以，萌萌根本不会控制自己的情绪，完全要依靠别人来哄。

现在的孩子，都是在父母疼爱、长辈关怀下长大的，生活中一旦遇到一些不如意的事情，就会出现情绪波动。此时，家长会立刻冲上来帮忙解决，直到把孩子哄好为止。

这样一来，虽然孩子的负面情绪来得快、去得也快，但也给他自己处理情绪留下了隐患——孩子压根儿没有自己调节过情绪，全都被父母、长辈代劳了。

长此以往，孩子就会渐渐失去自我调节的能力，不会控制和克服负面情绪，显得小性子太重、脾气大。当他在幼儿园中也表现出这种状况时，就很容易跟其他小伙伴起摩擦，因为别的孩子可不会上来哄他。

所以，家长需要给孩子自己一个处理情绪的机会。

【高效培养要点】

第一步：先别急着救火，最好"袖手旁观"一段时间。

常常看到一些孩子，父母不在身边时摔倒了不哭，直到父母走到身边他才哭，这就是因为他知道"哭"是表达情绪、让父母重视的一种办法。

千万不要在孩子一哭闹时，家长就来当"救火队长"，这会剥夺孩子自我感受情绪、处理情绪的机会，不利于他独立成长。如果我们每次都能在旁边"袖手旁观"一段时间，将这个时间段完全留给他自己发挥，你会发现他的表现会超乎想象。

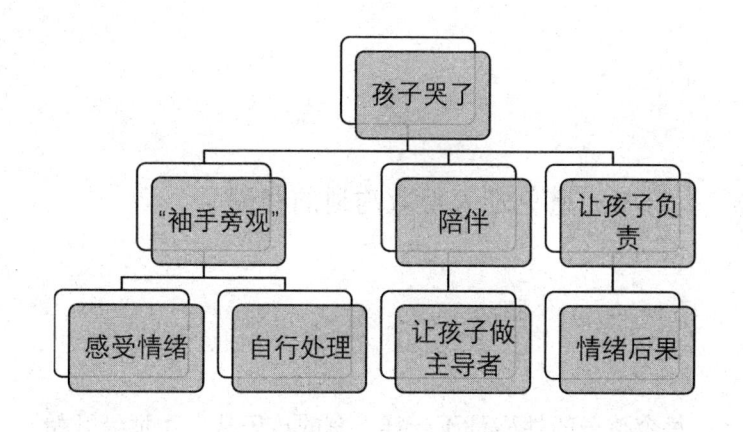

```
                    ┌─────────┐
                    │ 孩子哭了 │
                    └────┬────┘
         ┌───────────────┼───────────────┐
    ┌─────────┐      ┌──────┐       ┌────────┐
    │"袖手旁观"│      │ 陪伴 │       │让孩子负责│
    └────┬────┘      └───┬──┘       └────┬───┘
    ┌────┴────┐     ┌────┴─────┐    ┌────┴───┐
    │感受情绪 │自行处理│让孩子做主导者│  │情绪后果│
    └─────────┘     └──────────┘    └────────┘
```

第二步：当孩子不需要你引导时，只要陪伴就好了。

不是每个孩子在情绪激动的关卡处，都需要父母滔滔不绝地教育和引导，很多时候他是可以自己恢复的。所以，当孩子不需要引导时，父母只要在孩子身边起到陪伴的作用，给孩子安全感就可以了。

第三步：让孩子学会对自己的情绪负责。

孩子发脾气、无节制地宣泄情绪，往往是因为不清楚后果是什么。

所以，我们需要让孩子知道，发泄情绪没错，但是有了

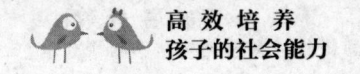

不好的行为却不行，会带来很多不良后果。比如，孩子在生气时摔了碗筷，就得让他学着跟大人一起打扫，然后让他意识到自己做错了事情。这样，以后他就会有意识地控制自己的情绪。

☆ 高培养：避免走入低效沟通的怪圈

每个孩子的性格都不一样，有的孩子从出生那天开始，似乎就"气性大"，经常发脾气，碰到小事也会急哭，遇到稍大点儿不顺心的事则会满地打滚。如果家长认为这是孩子天生的个性而不对其进行教导，这对孩子的成长没有任何好处。

情绪，是容易进入循环的。

好的情绪能提升孩子的积极性，让他始终在困难面前保持乐观，在问题面前保持镇静的心情。但坏情绪也会逐渐累加，如果孩子的脾气不好，家长不加以纠正，他会习惯以这样的态度去对待不顺。

更加焦虑　产生焦虑

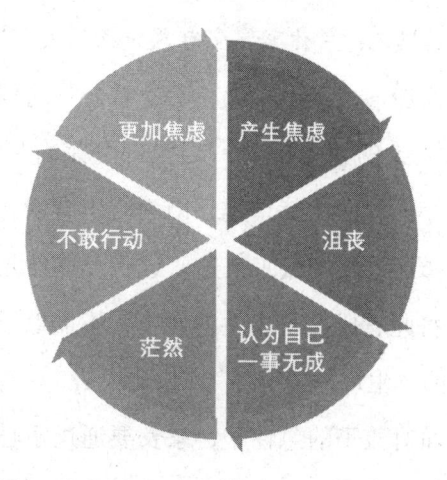

不敢行动　　　沮丧

茫然　认为自己一事无成

浩宝妈妈以前就听说过，有些孩子是急性子，一言不合就哭闹不止。

浩宝还小些的时候，因为有奶奶带着，妈妈没怎么感受过他性子急的"威力"。现在浩宝要上幼儿园就回到父母身边，妈妈才真真切切明白了，为什么有人要用孩子的脸形容天气变化快，因为小孩子实在太容易"翻脸"了。

比如，吃早饭时，浩宝明显没睡醒的样子，妈妈就喂他吃鸡蛋。可能妈妈没注意喂得急了一些，浩宝觉得有些不舒服，就突然一把抢过鸡蛋扔在地上，然后放声大哭起来。妈妈一头雾水，完全不知道发生了什么事。

这样的事几乎是家常便饭，浩宝不会玩玩具会发脾气，说话不清大人不理解他也会着急，想要的东西没第一时间给他更会生气……

为此，浩宝进入幼儿园没少跟小朋友闹别扭，老师曾经

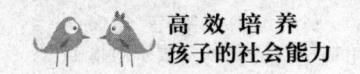

笑着对浩宝妈妈说："你家宝宝可算是气性大啊！"

家长不要迷信"三岁看大，七岁看老"这种说法。孩子的个性，有先天的遗传部分，但大部分来自后天的培养。再者，孩子小的时候本就单纯，因为心里有话无法说清楚，就可能会选择通过发脾气来表达，这在一些幼儿身上最为常见。若家长将此看成孩子天生的性格，不加以干预，岂不是耽误了孩子的一生？

所以，面对孩子的急性子，家长要通过耐心的方式帮孩子解决问题，并让他体会到发脾气是不能解决问题的。这也就是说，孩子爱发脾气并不是不可控的，只要找准原因并加以正确地引导，还是很容易塑造孩子的良好个性的。

【高效培养要点】

方法一：对于孩子偶尔发脾气，不要太计较。

孩子都有自己的个性，对于他偶尔发脾气不必太紧张。但家长要在孩子冷静之后，为孩子分析乱发脾气所产生的不良后果，让他明白这是不好的。

若家长过于夸张地面对这一问题，就容易给孩子造成"我就是气性大"的暗示，从而让他对自己的行为不加以注意与约束，反而"破罐子破摔"。同时，家长反应过于激烈，也会让孩子觉得自己的问题非常严重，改变起来很不容易。

如此一来，孩子反而会心安理得地接受自己的问题，丧失改正的积极性。

方法二：应对孩子发脾气有方法。

一般情况下，孩子成长的过程就是摸索经验的过程，如果他发现家长对自己发脾气的行为总是给予快速反应，那就会慢慢养成用暴躁、愤怒来达到目的的个性。这对于个性形成期的孩子来说尤其危险。

所以，在孩子表现出急性子时，家长应该对应地"反应慢半拍"，先不去理会他的需求。也就是说，当孩子发脾气的时候，家长要保持冷静，先让孩子自己从这种情绪里走出来，再去讨论是否满足他的要求。

方法三：家庭氛围，对孩子的个性塑造有帮助。

一个充满吵闹与争执的家庭环境，容易让孩子产生心理上的不安，这会让孩子失去塑造自己性格的勇气和积极性。相反，如果孩子生活在和谐、温暖的家庭氛围中，则可以影响孩子在处理问题时的表现，让他更加从容、心情愉悦平和。

从各种调查中可以发现，和睦家庭长大的孩子多不会随便发脾气，自然不会有急性子。

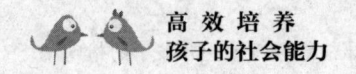

方法四：必要时，应该让孩子知道并承担行为的后果。

孩子爱发脾气也许不是大问题，但应该让他懂得，发脾气所产生的后果是什么。比如，有的孩子因为要买玩具没有及时得到满足就大哭大闹，此时家长总怕孩子会哭坏嗓子，所以赶紧满足孩子的要求。

正确的处理方法是，对孩子的行为冷处理，要哭就让他哭一会儿，还要告诉他哭不会解决任何问题。孩子一般经历过一次之后，就会留下深刻的记忆，并且明白哭闹的后果是什么都得不到。

因此，与其不断说教，不妨让孩子自己对事情进行认识并主动改变，这才是给孩子最好的教育，也是最有效的教育。

第四章

有同理心，
才会懂孩子

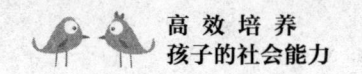

☆ 思维力：最好的教育，是你懂我知

教育这件事，从来都不是单方面的说教与灌输，而是双方面的沟通。孩子可以借由父母的手认识世界，父母也可以从孩子的角度学会理解与沟通，领会另一种思维方式，进行再一次的成长。

教育本身是互相理解与沟通，是互相学习与前进，而不只是父母固守己见，把自以为然的道理灌输给孩子。

据调查，孩子跟父母的沟通出现问题的概率，要大于跟同学、老师之间的沟通。很多时候，我们站得太高，看不到孩子所看到的风景，只有蹲下来与他齐平时，才会知道这个世界在孩子眼中是怎样的。所以，从孩子的角度看世界，带着更多的同理心，理解他为什么会这样想、这样做，是每个父母都应该有的意识，也是身为家长的责任。

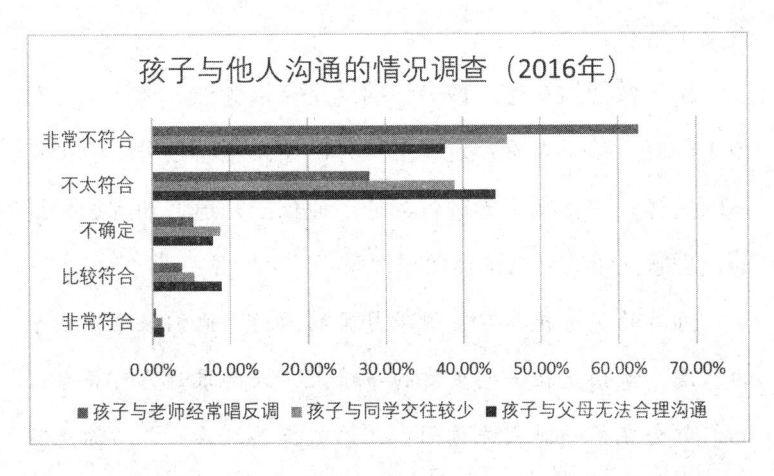

孩子与他人沟通的情况调查（2016年）

类别	数值
非常不符合	~60%+
不太符合	~40%
不确定	~10%
比较符合	~10%
非常符合	~2%

■ 孩子与老师经常唱反调　■ 孩子与同学交往较少　■ 孩子与父母无法合理沟通

恋恋妈妈小时候一直都很想学钢琴，她最羡慕的就是女孩子可以被送去学琴，培养高雅的气质、拥有自己的乐趣。所以，在恋恋五岁的时候，妈妈就给她报了钢琴班，甚至还花大价钱购置了一架钢琴。

可令妈妈失望的是，恋恋好像对此并没有什么兴趣，练习时也不太认真，有时候会因为种种理由而不想去上钢琴课。

恋恋敷衍的态度，让妈妈感到非常生气。有一次，她气愤地说："我花了这么多钱培养你去学琴，难道是在害你不成？我小时候多想学钢琴，但是没有你现在的条件，你怎么不知道珍惜呢？"

恋恋被妈妈说哭了，一边抽噎着，一边说："你喜欢弹钢琴，可是我一点儿都不喜欢，为什么非得逼我学啊？"

恋恋妈妈这才如梦初醒。尽管自己喜欢弹钢琴，这也是大多数家长公认的一项高雅兴趣，但并不意味着自己的孩子就真正喜欢。

家长做任何决定，最忌讳的就是自以为然，你所认为对孩子的好，孩子并不一定就觉得好。如果担心孩子不能接受你的选择，为什么不先进行沟通，让孩子知道你的想法和目的，理解父母为什么这样做呢？

月月的父母就非常重视跟月月的沟通。他们很尊重孩子的想法，哪怕是在一些重要的事情上，只要跟月月有关系，他们都会在第一时间先询问："你觉得怎么样？""你能不能认可我们的选择？"

如果月月有不理解的地方，父母就会耐心解释为什么会这么做，以及这样做有什么好处。通过沟通来劝服月月，让月月发自内心接受他们的选择。

当然，如果月月十分抗拒的话，父母也会尊重月月的意见。

比如，之前月月妈妈在当地一所私立幼儿园获得了一个入校名额，这所幼儿园的口碑极好，周围的家长对名额十分珍惜，收到这个消息都立即决定送孩子进去。

但是月月妈妈在兴奋之余，也没有忽视孩子的想法，仍是认真地问月月："你喜不喜欢这所幼儿园？如果你不喜欢的话，妈妈再给你找。"

一开始，月月并不太想去这所幼儿园，因为她听父母说小朋友可能还要学英语，这让她很头痛。但是爸爸妈妈带她去幼儿园实地勘察了一番,并给她解释了幼儿园的活动安排之后,她又觉得可以尝试一下。

在自己做了选择的情况下,虽然月月一开始不太能适应幼儿园的教学方式,但仍然坚持了下来。

虽然孩子的年龄还小,但他并不是家长的附属物,他也有自己的意识,情绪将影响他做事的态度。

父母越过孩子去做决定,把所有的一厢情愿都认为是对孩子好,却忽视了孩子真正的需求,这可能会导致孩子的反抗或接受不良。

教育是一项跟沟通息息相关的事业,我们不可能脱离对孩子的教育,想通过单方面的说教和指点来获得和谐的亲子关系基本不可能。所以,抛弃那些自以为然,多去了解孩子想什么才是最重要的。

【高效培养要点】

方法一:多跟孩子沟通,少单方面说教。

很多家长抱着长辈的骄傲,也抱着长辈的傲慢,常常忽略孩子的想法。的确,大多数时候孩子提出的想法都是幼稚的,但这些幼稚的想法是他自己提出的,这本身就代表一个有意义的过程。

这要求我们必须先放下身段,跟孩子站在一个高度去看

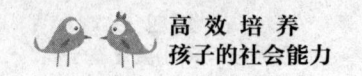

世界。所以，我们不应该忽视孩子的声音，要多跟他沟通才行。

方法二：尊重孩子的判断，给他选择的机会。

很多父母并不相信孩子，认为他在这样幼小的年纪不能够做出什么清晰的判断，所以才贸然代替他做决定。

但被忽视的孩子，心里是否能接受呢？有同理心的家长一定懂得孩子的情感需求，知道尊重他的想法。

只有尊重和理解才能消弭那些认知上的差异，避免我们单方面做出一厢情愿的判断和选择，与孩子达成一种你懂我知、彼此理解的融洽状态。

方法三：我们以为的，不一定是孩子以为的。

孩子是独立的个体，审美、认知、喜好不可能跟父母完全一样。我们不会要求一个成年人的思维完全跟自己同步，就不能以此来要求孩子。

明白孩子跟大人之间的差异，明白大人以为好的东西不一定是孩子以为的，这能避免在沟通中出现的大多数问题。

总结起来，其实就是一个词——尊重。尊重孩子，就是尊重亲子关系。

☆ 同理心：聪明的父母懂得"换位思考"

你知道孩子眼中的世界是什么样子吗？

孩子的认知跟父母的认知差距很大，他所看到的世界跟我们也是不一样的。这一切就决定了孩子的思维方式以及他对事物的认知跟我们不同。

但很多父母在教育孩子时并没有意识到这一点，他们觉得孩子一定能理解自己的话，一定懂得自己懂得的道理，思维一定跟自己一样。这显然是没有从孩子的角度出发去看问题，又怎么能走进孩子的心里呢？

小小三四岁的时候，妈妈经常带他去公园玩儿。跟大多数孩子一样，走上没几步，小小就伸着手跟妈妈说："妈妈抱抱我，要抱着走！"

别说妈妈没有同意，就连一向疼爱孩子的姥姥也在旁边说："小小最棒了，自己走呀。"

大人觉得，抱着孩子就是惯着他，一定要培养他的独立习惯。

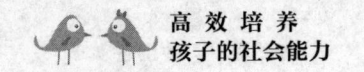

回到家的时候,妈妈问:"小小今天都看到什么了?公园里的花好不好看?"

小小却茫然地说:"花?我看到好多人……"

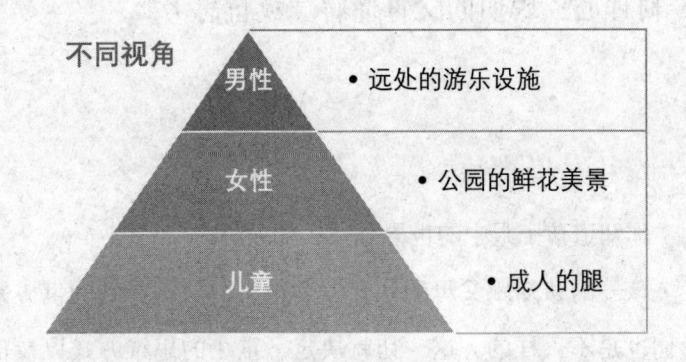

不同视角

男性	• 远处的游乐设施
女性	• 公园的鲜花美景
儿童	• 成人的腿

从孩子的高度去看,只能看到周围大人的腿,家长看到的风景,他是看不到的,所以他也不理解家长的喜怒到底为何而来。

归根结底,是因为我们和孩子看待事物的角度不同。如果父母不能跟孩子换位思考,理解他眼中的世界,那跟他沟通时就永远抓不住重点。

聪明的父母不仅懂得换位思考,还懂得在沟通时站在孩子的角度说话,将这种同理心传达给孩子。

茵茵的性格有些腼腆,很多话不喜欢跟别人说,只知道默默地做。这样的孩子跟父母沟通往往也有问题,但是茵茵和爸爸妈妈却能很好地交流。

因为妈妈很懂得观察,然后从茵茵的角度去思考问题。

小时候，茵茵喜欢画画，有一次趁父母不注意，她把蜡笔画在了洁白的墙面上。不久就被爸爸看到了，狠狠训斥了她一顿。

茵茵原本脸上还有笑容，现在知道自己犯错了，立刻伤心地哭起来。

妈妈蹲下来，问道："茵茵为什么会用蜡笔在墙面上画画呀？是因为觉得好看吗？"

茵茵哭着点点头，然后说了一句："表哥家里。"

妈妈琢磨着这句话：表哥家里有什么呢？她想了想，突然明白了，问道："是不是上次去表哥家，看到他们家贴了很多漂亮的画？"

茵茵重重地点头："咱们家有了画也好看。"她是想用蜡笔画，把自己家打扮得跟表哥家里一样好看。

知道是这个问题，妈妈就明白该怎么跟茵茵沟通了。她没有责备茵茵调皮，而是好好说明为什么自己家不能乱画、跟表哥家里的墙壁有什么不一样。然后买来了许多漂亮的儿童墙贴，贴在茵茵的卧室里，盖住了那些痕迹，也让茵茵的小愿望得到了满足。

孩子的思维方式很难捉摸，但我们要试着去理解与沟通，从他那里得到答案，总能知道他的想法。在这个基础上，掌握跟孩子的"话术"，让他明白父母的理解和支持，至关重要。

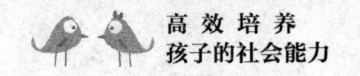

【高效培养要点】

方法一：父母要有同理心，也要让孩子明白你的同理心。

单单理解孩子还不是最重要的，我们也要将"我理解你"这种心态传达给孩子，让他感受到父母的支持、宽容和爱，这样才能滋养他的安全感和幸福感，也能让亲子沟通更容易进行下去。

说话时，从孩子的角度出发，一定要告诉他："我理解你为什么会这么做，你是不是觉得……"哪怕说错了也不要紧，在我们表达理解的前提下，孩子一定乐于说出自己的想法，方便接下来的沟通。

方法二：描述问题，要从孩子的视角出发。

教育孩子，尤其是当孩子做错事时，描述问题的方式一定要从他的视角出发。不要说"你这样做会怎样怎样"，这种话语方式带有对立、指责、冲突的感觉，很容易引发孩子的逆反心理。

从孩子的视角处理问题，是这样的——

"你看，这小花多漂亮啊！要是我们把它揪下来，它很快就枯死了，你想想，是不是就不漂亮了呀？"

而不是这样——

"你这样做，花就枯死了，以后就不漂亮了。"

后者没有引导孩子产生切身的体会，理解能力还不强的孩子，对此没有深入的感受，很容易忽视父母的态度。

方法三：蹲下来跟孩子交流，让他的心理压力减小。

你知道从孩子的高度看父母，是什么感觉吗？

就像我们仰视巨人一样，那种恐慌、有压力的感觉，是很难轻易消弭的。所以，很多父母跟孩子交流时，孩子总是会把目光投向别处，而不是看着父母。

蹲下来跟孩子交流，让孩子真正拥有安全感地跟父母聊天；把孩子拥在怀里交流，让孩子在背后有依靠感，这都是缓解他心理压力的方法。

☆ 站对位：高效管教，不要站在孩子的对立面

我们爱自己的孩子吗？答案显而易见。每一位翻开这本书想要寻找跟孩子沟通方式的家长，都发自内心地爱着自己的孩子，唯恐哪里做得不好。

孩子爱我们吗？这也毋庸置疑。世上最纯粹的爱，甚至不是父母对孩子的爱，而是孩子对父母的。他的世界没有我们那么大，心里最亲密和最依赖的人就是爸爸妈妈，又怎么会不爱我们呢？

既然我们彼此都是对方最爱的人，为什么不能用爱护对方的方式去沟通？为什么会有许多父母，在教育孩子时特别喜欢把彼此放在对立面呢？

对立就意味着距离，意味着攻击，意味着很容易产生裂痕。沟通时，我们一定要注意自己的说话态度，不要把孩子当作被攻击的对象。

小鹏妈妈觉得带孩子是一件特别苦恼的事情，尤其是带儿子小鹏出去逛街。每当这时候，她就觉得孩子仿佛是个小魔星，天生就是来整治自己的。

因为小鹏实在是太好奇了，不管看到什么都想尝试一下，要是带他去玩具区，那更不得了，他十次有八次都要因为喜欢的玩具跟家长争执不休，非要买下来不可。

"这种小汽车家里已经有一辆了，这次你就别买了吧？"妈妈想到家里有那么多崭新的玩具，不想买。

"我想要，这个跟家里的不一样。"小鹏说着，就拽着妈妈不走了。

"你都多大啦，不给买玩具你就不高兴？不买怎么了，你看看你，现在还不如人家三岁的小弟弟懂事。"看到孩子拉都拉不走，妈妈的怒火也上来了，气得在店里指责他。

小鹏听了，生气地噘着嘴："我就知道你讨厌我了！"

明明彼此是最亲密的关系，偏偏就是因为这种亲密让我们难免产生磕绊，一旦处理不好就容易让亲子关系出现问题。

在这之中，说话沟通的态度产生的影响最大。在小鹏和妈妈之间的争执中，小鹏的确没有听话，但妈妈情急之下说出的话，还不是把孩子放在了对立面——她下意识地将不听话的孩子当作情绪上的攻击对象，所以字字句句毫不留情。

这种交流方式，只会让孩子感到父母的攻击性和厌烦，反而忽略道理本身。

教育的重点应该是让孩子理解道理，而不是感受责备。责备的态度总会让孩子感觉孤立无援，对亲子关系的维系毫无益处。

【高效培养要点】

方法一：少用质问性的语言来表达关心。

有些传统的中国父母，特别擅长将温暖的爱护和关心用硬邦邦的命令语气表达出来。比如，明明想叮嘱孩子下雨的时候不要忘记带伞，却反复唠叨，最后还要补充道："别嫌我烦，我说的你总是不放在心上。"这话说出来，孩子立刻会觉得父母在指责自己。

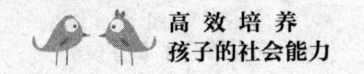

明明觉得孩子的做法可以改进得更好,张口却是"你怎么能这样做""为什么不那样做",建议就变成了质问。

关心的话,应该以温和的方式来传达。

方法二:少用"我"和"你",多说"咱们"。

平时在沟通中,我们经常运用"我如何""你怎样"这样的话,就是一种划分阵营的暗示,让孩子清楚地明白,"我"跟"你"是不一样的,咱俩身处两个阵营。

如果是进行教育甚至批评的沟通场合,总是用这种方式去传达,特别容易把孩子从自己身边推开,沟通效率会大大降低。

所以,我们应该多用"咱们"来描述,强调孩子和父母的关联,让他感受到安全感。

方法三:少用命令性语言,多征求孩子的意见。

要孩子做什么时,许多父母都喜欢用命令性语言:

"过来,把这个端走。"

"别吃零食了,马上要吃饭了!"

"把玩具放下,要写作业了,听见了吗?"

的确,在自己家里不需要进行不必要的客套,但一定的礼貌和尊重还是应该有的。不管孩子年纪多大,我们都应该尊重他的选择和思考,所以平时在沟通中要少用命令性语言，最好用询问性语言给孩子选择的暗示。

任何情感交流都是相互的，我们应该明白这一点。

☆ 接受度："为你好"有时并不好

幸福的孩子用童年治愈一生，而不幸的孩子用一生治愈童年。

童年对孩子的影响是潜移默化的，父母教育起到的作用比我们想象中的更重要。我们对孩子有爱意，有期待，有许多复杂的情感，但总的来说，一切教育的出发点都是为孩子好。

只是，我们挂在嘴边的"为你好"，是真的对孩子好吗？到底什么样的教育，才是真正对孩子有益、能满足他的需要呢？

小云马上要上小学了，同一所幼儿园的其他小朋友都决定就近入学。

大家约好了，以后在小学还可以见面，依然是熟悉的环境和熟悉的朋友，这让小朋友们对上小学充满了期待，减少了许多恐惧和不安。

可小云却从妈妈那里知道,自己即将进入另一所小学。

"菲菲、小苹她们不去同一所小学吗?"小云问。

妈妈摸摸她的头,说:"她们是在同一所小学,但是咱们小云去的学校更好。"

"可是我想跟她们在一起上学。"

"傻孩子,听妈妈的话,等你长大就明白了,妈妈这都是为你好。"妈妈没有继续跟小云解释,忙别的去了。

可小云并不明白妈妈到底哪里为自己好,她始终因为不能跟好朋友去同一所学校而感到沮丧,一直到开学也没有解决这个问题。

很多时候,我们觉得为孩子解释自己的选择很麻烦,也懒得跟他沟通,就用"这都是为你好"来终结话题。实则,我们不懂孩子到底在想什么、需要什么,他也不懂家长到底哪里为他好了。

"为你好",与其说是父母传达爱意的方式,不如说是在沟通上的敷衍。

妈妈完全可以跟小云解释,为什么会把她送去另一所学校,或者理解一下女儿想跟朋友一起上学的心情,进而宽慰劝解女儿。但她用"为你好"来应对,便以为解决了所有问题,这显然不可取。

小敏最讨厌妈妈总说"为你好"。

第四章
有同理心，才会懂孩子

每次在她玩玩具很开心的时候，妈妈一把夺走玩具，还总要说一句："别总是玩玩具，出去走走晒晒太阳，妈妈是为你好。"

在她不想学习跳舞，经常因为练习很累而哭泣的时候，妈妈总是冷眼旁观："好好学，以后你就知道了，妈妈都是为你好。"

时间久了，小敏越来越讨厌别人说"为你好"，她一点儿也不懂，这让自己都不开心，到底哪里好了。

知道了这件事，妈妈就改了态度，不说"为你好"，而是解释"为什么要这样"。

不让小敏玩玩具，是因为外面天气好，还有公园里的游乐器材，有好朋友可以一起玩儿，她会更开心；希望小敏好好跳舞，是因为她虽然练习的时候不开心，但没事就喜欢在家跳，妈妈觉得她很喜欢……

当然，现在妈妈也懂得征求小敏的意见，而不是再单方面说"为你好"了。

读懂孩子并不是一件简单的事，加上许多孩子的理解力、表达力还没有培养好，在跟父母交流时难免有些困难。这就让父母觉得，只要他们用经验给孩子做好选择，只要他们知道是为孩子好，就不用让孩子做主了。

实际上，"为你好"远不如"我懂你"，"我懂你"对孩子的心理、情绪、感情有更积极的影响。

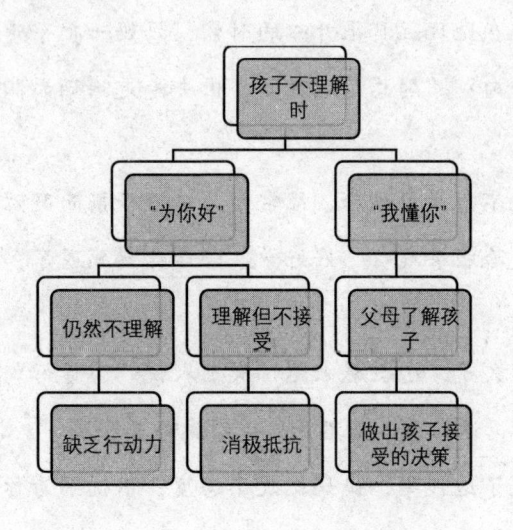

```
         ┌─────────┐
         │孩子不理解│
         │   时    │
         └────┬────┘
         ┌────┴────┐
    ┌────┴───┐ ┌───┴───┐
    │"为你好" │ │"我懂你"│
    └────┬───┘ └───┬───┘
    ┌────┴────┐    │
┌───┴──┐ ┌────┴─┐ ┌┴──────┐
│仍然不│ │理解但│ │父母了解│
│ 理解 │ │不接受│ │  孩子  │
└───┬──┘ └──┬──┘ └───┬───┘
┌───┴──┐ ┌──┴──┐ ┌───┴────┐
│缺乏行│ │消极 │ │做出孩子│
│动力  │ │抵抗 │ │接受的决│
│      │ │     │ │  策    │
└──────┘ └─────┘ └────────┘
```

【高效培养要点】

方法一：不逼着孩子做"有益的事"。

什么是父母眼中有益的事？可能是让孩子学会分享，把自己的东西大方地分给朋友；可能是让孩子勇敢面对，处理他原本害怕做的事；可能是让孩子懂得表达自己，克服原本的腼腆……

但，这都应该是孩子自己做出的决定，父母只能教育和引导，绝不能以"为你好"为名进行强迫。

逼着胆小的孩子去做"勇敢"的事，只会让他孤立无援，发现父母不可靠；逼着心理还没有健全的孩子当众表演，只会让他把这段记忆中的焦虑牢牢记住，甚至成为长大后的阴影；逼着孩子把喜欢的东西分享给别人，只会让他体会到遗憾和痛苦……

方法二：重视孩子的情绪，胜过事情本身。

沟通时，我们总是过分关注孩子要做什么，过分关注"形式"和"事件"，却忽略了孩子本身的情绪。比如，我们认为"让孩子参与到小朋友中一起学一首英文歌"是对他有好处的，所以沟通时，我们所有的注意力都放在劝服孩子去唱歌上，甚至为了让孩子参与其中不惜威胁、命令，硬邦邦地表示"为你好"。

实际上呢？孩子可能已经非常反感了，就算强制要求，也不过是不欢而散。

追根究底，教育的目的其实是让孩子做对自己成长有益的事。所以，我们始终要记得，跟孩子有关的事让他自己做决定，我们要关注的是孩子本身，是他的情绪、选择、态度，而不是硬要他做什么。

方法三：说"我觉得挺好"，而不是"为你好"。

家长所做出的大多数"为你好"的事，只是自己觉得好，不一定是孩子的想法。这样，我们在沟通时就一定要准确表达，告诉孩子"这个建议，是因为我觉得挺好"，同时跟孩子解释为什么觉得好。

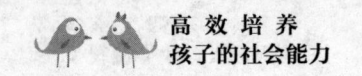

原本的"为你好",只是一种非常难理解的笼统概括,但当你耐下心来,愿意解释为什么好、为什么不好时,孩子能更加直观地理解父母,他的接受度反而更高。

多沟通,不要小看孩子的理解能力和接受能力,也不要因为他不擅长表达和思考,就把他看低了。

☆ 倾诉欲:不要捂着孩子的嘴巴

说到跟孩子沟通,一些家长有很多苦恼想说,比如:"孩子回家后根本不愿意跟父母说心里话,就算我们想沟通,都苦于找不到话题。"

看到别人家的孩子拉着父母叽叽喳喳地说着在幼儿园里的事,这些家长总是无奈,谁让自家孩子不爱说话呢!

实际上,真的是你家孩子天生内向,不爱说话吗?生活中有很多可以跟孩子沟通的话题,只是家长可能并没有意识到。

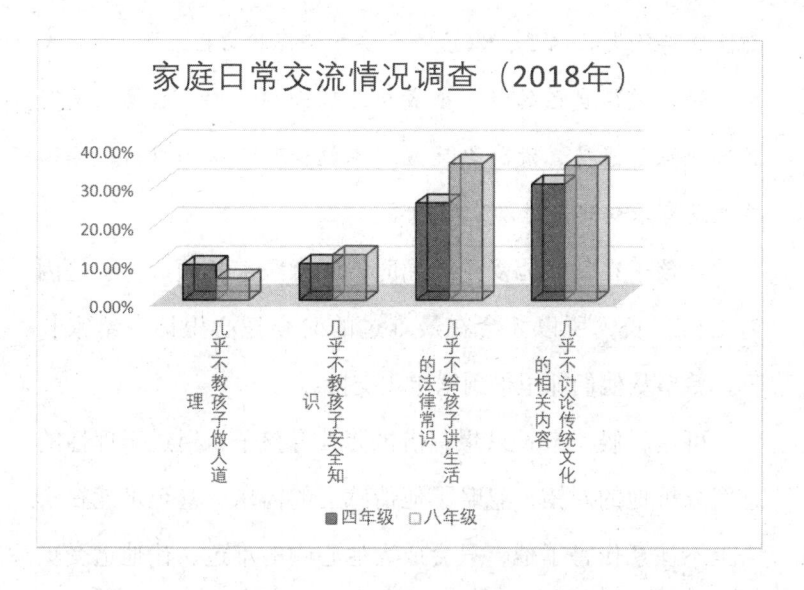

家庭日常交流情况调查（2018年）

	几乎不教孩子做人道理	几乎不教孩子安全知识	几乎不给孩子讲生活的法律常识	几乎不讨论传统文化的相关内容
四年级	~10%	~8%	~25%	~30%
八年级	~8%	~12%	~35%	~35%

人都有倾诉的欲望，性格只会影响话多话少，绝不会完全斩断沟通的可能。那些抱怨孩子不爱说话的家长，应该想一想，自己是否在某个时刻曾经亲手捂住过孩子的嘴，让孩子压抑了跟父母表达的欲望？

远远从幼儿园回到家，非常委屈地跟妈妈说："今天有小朋友抢走了我的玩具，把我惹哭了，可是老师也没有批评他。"

妈妈一直觉得远远的性格跟自己不像，脾气太温和，听到这话，又气又急地说："你回来告诉我这些有什么用呢？当时为什么不跟老师说？如果当时你去找老师把事情说清楚，老师一定会帮助你把玩具要回来的。"

妈妈理性分析了一顿，最后总结道："远远，这件事情

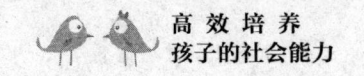

都怪你脾气太软弱了,以后一定要学会保护自己。"

妈妈觉得自己的教育很成功,可仔细一看,远远只是不高兴地点了点头,没什么反应。不仅如此,从那以后,远远再也没有跟妈妈说过幼儿园的事。

当孩子在幼儿园受了委屈时,愿意跟家长倾诉,正是因为相信家长,所以才会在最难过的时候把心里话说给家长听,希望从他们那里得到宽慰和支持。

可这时候,家长只想着借机会教育孩子,用过于理性的态度分析他的对错,忽略了他情感上的需求,甚至可能在言语上不注意伤害了他,只会放大他心中的难过,让他遭受更大的伤害。

同样,不要挑剔孩子话语中不恰当的地方。只有父母接纳孩子、鼓励孩子,孩子才会产生表达的勇气,进而向他人积极表达自己。

"妈妈,今天为什么吃鸡蛋呀?为什么不吃包子呢?"

"我们要去动物园吗?上次你还没告诉我那个'大野流'长什么样子。"

"还有还有,我奶奶……"

妈妈一大早就被孩子吵得脑子乱乱的,忍不住说:"行了行了,你哪来这么多的问题呀,你是十万个为什么成精了吗?连野牛都能说成'野流',你还好意思说,别人不笑话你吗?"

妈妈只是随口挖苦了一句，没想到一整天，孩子都特别安静，没怎么说话。

我们随口说的一些话都可能对孩子造成影响，尽管很多时候他说话磕磕巴巴、词不达意，有时候又显得太聒噪、问题太多，但只要表现出交流的欲望，我们都应该尽量鼓励他。

除非当时的表达场合不适合，我们就应该立刻跟孩子解释，不是不让他说话，只是现在不适合说话。

时刻把孩子当成一个可以沟通的成人来尊重、交流，才是会沟通的父母。否则，你的一些不经意的行为，很可能就"捂"住了孩子的嘴巴。

【高效培养要点】

方法一：交流时，第一时间满足孩子的情感需求。

在沟通中，满足孩子的情感需求很重要。

任何时候我们都有机会教育孩子，并不急于一时，但他依赖父母的时刻却只会伴随着成长越来越少。做靠得住的父母，至少该知道什么时候说什么话，不要遏制孩子倾诉的欲望。

理性的教育当然有必要，但在孩子需要得到父母支持、倾听的时候，先满足他的情感需求，给他建立安全感才最重要。

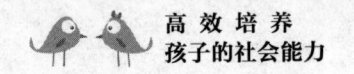

方法二：家长的聆听比表达更重要。

交流是一个双向的过程，家长说得多了，孩子说得就少了。教育的舞台上，主角不是家长，而是孩子，想要有效沟通，我们就不能喧宾夺主，一定要多聆听、少抢话。

而且，专心聆听更有助于让我们掌握孩子的情况，明白孩子遭遇了什么、在想什么，这样我们才能适时地把话说到孩子心里去。

方法三：不要随时随地批评或建议孩子。

在孩子谈兴正浓或想跟我们交流时，千万不要给他泼冷水，尊重他的舞台才更重要。

批评就是一种严重的泼冷水行为。试想一下，如果孩子出于信任才把心里话告诉你，你却张口就是批评，孩子心里会怎么想？下次他还会把话说给你听吗？

建议虽然比批评委婉一些，但也要注意说话的语气和表达方式。"爸爸妈妈也有一个想法，你可以听一听"是比较委婉的说法，但"我觉得你可以这样做，比你之前说得更好"这就成了泼冷水。

只要我们不捂住孩子的嘴，大多数孩子都会选择信任父母，一定会有沟通和交流的机会。

第四章 有同理心，才会懂孩子

☆ 不唠叨：言简意赅，说话才有分量

物以稀为贵，话语也是。

越是沉默内向的人，说出的话反而越容易受人重视，越容易让别人感觉可靠。正是因为他的话少，所以才言简意赅，让人觉得他说出的话都是有用的，无形中增强了说话的分量。

做父母的也是一样，想让自己的话在孩子那里有分量，就一定不要唠叨。

唠叨并不像我们想象的那样，只是因为关心孩子，在重要的事情上反复唠叨，暴露的只是我们内心的不安和不信任；在对方做错事时反复唠叨，往往是出于心理防御机制，我们才用这种方式表达自己内心的不满。

当我们喋喋不休地在孩子面前进行教育、表达不满时，往往并不是为孩子好，只是为了满足自己内心的各种需求。

小柯妈妈是一个非常小心谨慎的人，正因为她能把大部分生活中的琐事安排得井井有条，所以在她的眼里，很少有

人能像自己一样细心,尤其是马虎的儿子小柯,更是需要担心的对象。

"天气预报显示今天有雨,记得带着雨伞,我已经给你放在小书包边上了。"妈妈第三次跟正在吃早饭的小柯说。

"行啦行啦,妈妈,你都说好几次了。"小柯不耐烦地挥挥手,"我都快被你唠叨死了。"

"我这还不是担心你,谁让你一天天总是丢三落四的。"说着,妈妈还是不放心,干脆亲自给小柯装好了雨伞。

只是这样一来,小柯在妈妈心里留下的"不可靠"印象就更深了。但跟他人聊天一提起来,妈妈还是会在抱怨中又有点儿炫耀地说:"哎呀,妈妈都是不放心孩子的,我这不是关心他嘛!"

小柯妈妈之所以一遍遍提起,并不是真的因为小柯一定会忘记带雨伞,只是因为她自己"不放心"的情绪。大多数唠叨都是这样,除了对方真的容易忘事,只是因为唠叨的人本身不够放心,才会如此。

而责备孩子时的唠叨,多半是因为父母内心的焦虑与不满——因为不开心,所以用唠叨的方式来缓解那种不快的感受,但对孩子的教育来说毫无意义。

被唠叨的人在反复的话语重复中,只会冲淡对说话内容的接受度,甚至可能激起反向情绪,变得厌烦、抗拒。

第四章
有同理心，才会懂孩子

【高效培养要点】

原则一：明白唠叨是没用的，让孩子接受才有用。

许多父母的唠叨并不是出于什么目的，也不是为了让孩子接受信息，只是自己的习惯。但这种习惯因为把一件简单的事翻来覆去地重复，不仅会让孩子觉得厌倦，还会影响他的专注度。

孩子会认为，爸妈的话不需要认真听，反正会重复很多遍，什么时候随便听听就可以了。长此以往，这会降低亲子交流的效果，也会让父母的形象大大受挫。

约束行为　强调规则　恳谈劝导

↓

沟通均指向目标

原则二：沟通的目标要明确。

我们为什么跟孩子沟通？是为了给孩子提供来自父母的帮助和支持，是为了了解孩子的情绪与想法。总是唠叨，太多话都变成了无用的垃圾，而孩子变成了垃圾桶被我们不断折磨，又有什么理由再要求他去认真听呢？

唠叨，会让沟通的目标弱化，让父母产生一种"我对你好，你还不领情"的幽怨，让孩子内心抗拒，对亲子关系没有一点儿好处。

原则三：信任你的孩子，重要的事不多重复。

我们之所以爱唠叨，是不放心、是爱，也是不信任。但伴随着孩子越来越大，他总要学会自己处理事情，父母能给的只有帮助，而不是事事代劳。

信任孩子的第一步，不妨从言简意赅做起。传达信息时少说多余的话，多说重点。虽然可以"重要的事情说三遍"，但千万不要总在孩子耳边唠叨——再要紧的事，唠叨多了也就显得不重要了。

少说话的父母，说出的话才能在孩子那里有价值。

第五章

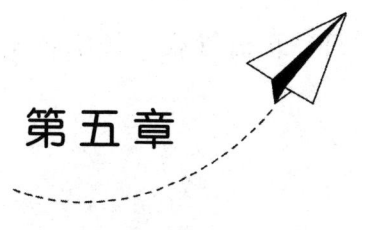

正面管教,
　少不了鼓励和批评

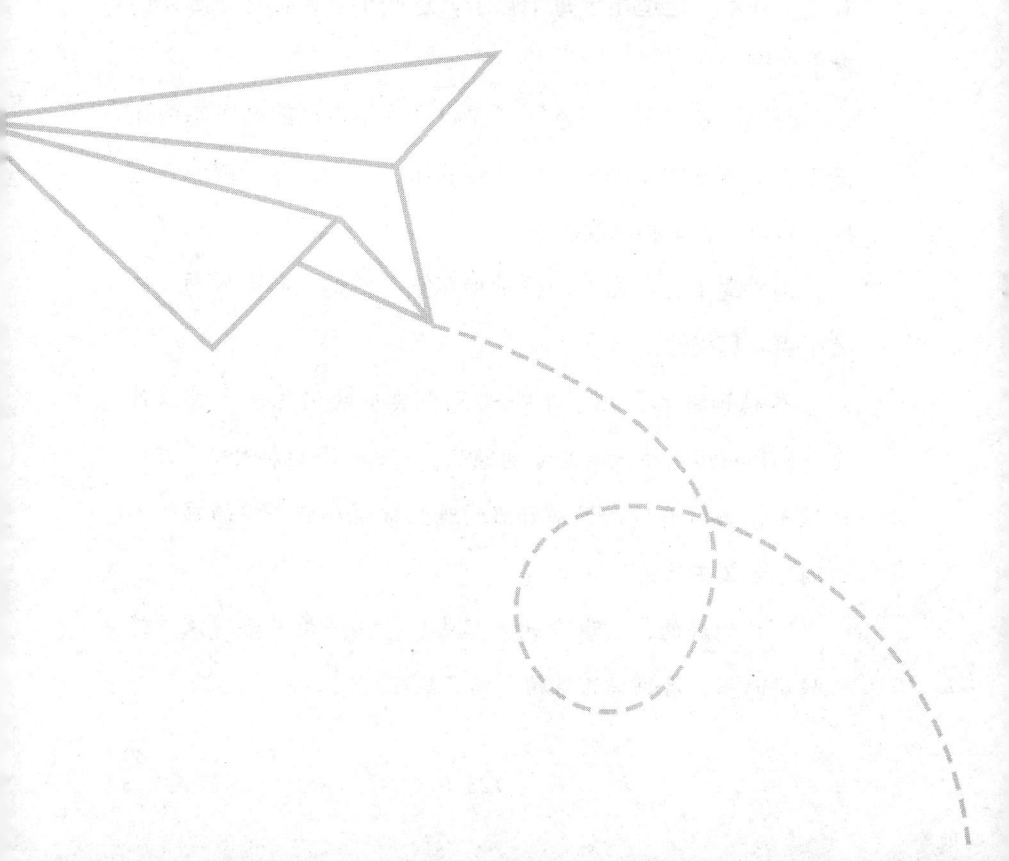

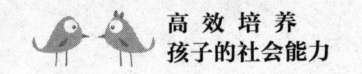

☆ 去鼓励：用"正面管教"鼓励孩子

"您说的道理我都明白，可是孩子明白不了。"无数妈妈这样跟我抱怨过。的确，那些在书本上写得很清楚的教育方法，并不一定适用于每个孩子，这些小家伙总有办法让你束手无策。

所以，就有了"虎爸""虎妈"，用自己的高压态势让孩子变成乖乖的小鹌鹑。可外界的压力只会让孩子被迫去选择，他自己却未必喜欢。

相比之下，不如选择鼓励和尊重，传达正向影响力，让孩子更有积极性。

在妈妈眼里，儿子牛牛就是个典型的淘气包。去课外班，妈妈一边用手点着牛牛的额头，一边生气地拽着他："你这孩子，出门前不是说得好好的吗？你说愿意去学画画，怎么到地方又不乐意了。"

"是你说的，我本来就不想去！"牛牛甩着胳膊试图挣脱妈妈的手，看妈妈的眼神充满了抗拒。

第五章
正面管教，少不了鼓励和批评

看到牛牛表现不好，妈妈又生气又心烦，干脆拧了牛牛的胳膊一下。她倒是没使什么力气，可孩子接收到这个"挨打"的信号，立刻哭起来——当然，可能是没有眼泪的假哭。

碍于妈妈的"高压"，牛牛不得不去学画画，可是他总是东张西望，压根儿坐不住。老师看牛牛妈的脸色又不好，赶紧将孩子叫出来，带他去别的教室转转。没想到牛牛一下子被钢琴课吸引了，坐下不走了，足足听了两个小时。

在这个过程中，没有牛牛妈的参与，孩子反而更放松、更容易听进去了。

尊重，给孩子一个正面暗示，能让他的情绪积极起来，在放松中逐渐专注；越是打骂催促，孩子的逆反心理越重，而且负面暗示会让他容易紧张、走神、关注点偏移。

"正面管教"的模式最早起源于美国。在这个教育理念里面，父母不仅仅是父母，更是孩子的玩伴、朋友、心理导师。我们的教育是始终围绕着孩子的，从孩子的困惑出发，去帮助他解决问题，让孩子和父母一起从生活中不断体验，亲身感受问题是怎么解决的，最后找到一个解决方法。

"女儿贝贝从小就很乖，就算有什么不愿意做的事，只要我让她试试，她都愿意做。"王女士这样说，"但是她的注意力很不易集中，经常发呆，有一阵子我甚至一直监督、训练她，也没有好的效果。"

贝贝乖巧懂事，加上王女士"望女成凤"的想法，对孩子教育时很严格。看到贝贝有了发呆、注意力不集中的习惯，王女士决定从一开始就"掰正"孩子的习惯。

监督也好、教育也罢，孩子每次都说"我懂了"，但是下次会不自觉地又发呆了。

"你这孩子，怎么这么不听话呢？"逼急了，王女士这样说。

"妈妈，我听话了，我也努力了，可就是集中不起来。"贝贝哭着说。

老师说："孩子这是缺乏主动性。枯燥的事情连大人都受不了，更别说孩子了，就算强迫她也做不到。"

那怎么办呢？改呗，改教育办法，让家长从"强调专注"改为"引导孩子产生兴趣"。孩子有了积极性，不用在心里念叨专注，也不用担心来自父母的监督，自己就沉迷于喜欢的事情中了。

"现在我发现，多鼓励孩子，把一件枯燥的事给孩子描述得更有趣，让孩子学会享受和挖掘乐趣，不用强调专注，她自己就很专心。"王女士说。

其实，这就是简单的正面管教。

"正面管教"的模式很特别，它不是空泛的说教，而是一起都在"实践"。

举个简单的例子，以前孩子不会自己刷牙，这就是一个孩子的困惑和问题，家长要怎么做呢？

有的家长选择直接教，告诉孩子怎么刷牙最好、有什么技巧，然后让孩子去做，这就是"我教你学"的传统教育模式；有的家长也刷牙，同时让孩子自己试着去刷牙，而家长一边观察一边指导，两个人都参与到刷牙的过程里，这就是"正面管教"。

在这个过程里，我们都在模拟一个场景，让孩子和父母全部沉浸到场景之中，去学习、去思考，孩子学得更快、理解得更深刻；而父母呢，也将教育这件事具象了，过后会发现"原来教育孩子这么简单，就是日常生活嘛"。

【高效培养要点】

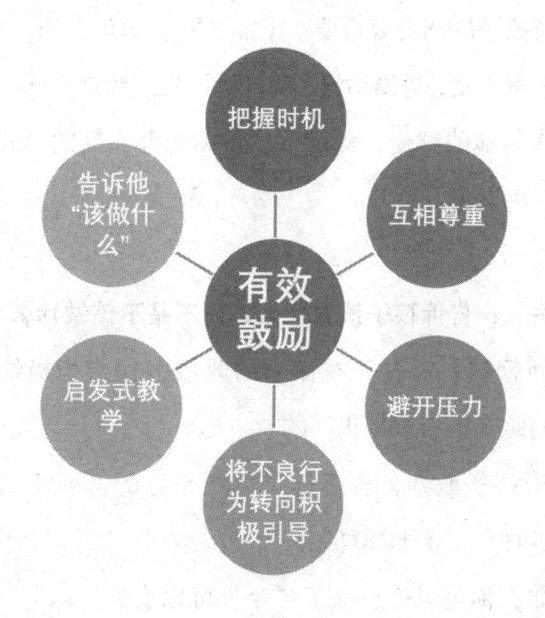

有效鼓励
- 把握时机
- 互相尊重
- 避开压力
- 将不良行为转向积极引导
- 启发式教学
- 告诉他"该做什么"

方法一：正面管教，先放松的是父母。

有些家长之所以给孩子太大压力，是因为自己本身就在这件事上太紧张了。教育被家长看得太重，生怕一放松就耽误了孩子的一生，所以很多家长都"恨铁不成钢"地采取了高压政策。但你有没有想过，孩子的承受力、学习能力和天性，是不是适应高压呢？

想让孩子放松下来专心享受成长，家长要先放松，给孩子喘息的空间，也给自己喘息的空间。

方法二：认同孩子的感受。

认同孩子的感受很重要，子非鱼，安知鱼之乐。

孩子不喜欢，觉得枯燥，就算你说破了嘴他也无法专注，还不如认同他的感受，然后以"帮你想办法"的形式，侧面引导他产生兴趣。

方法三：告诉孩子该做什么，而不是不该做什么。

正面管教是让孩子在做事的时候多保持积极性和主动性，你的暗示也应该是正面的。

多给孩子鼓励，告诉他怎么做是好的，而不是总唠叨"不要这样""不要那样"。

比如，你可以告诉孩子"今天可以出去打球"，就不要说"今天不能玩游戏"了。这样,孩子听到之后只会为了打球而开心,不会想到不能玩游戏的苦恼。

正面的暗示,会让孩子始终知道自己该做什么,而且积极去做。

方法四:学会寻找共鸣

孩子当然不是你的敌人。在教育孩子时,不要把孩子当成需要克服的难关,而是当作自己的朋友、合作者,去寻求共赢。

找到共鸣很重要。比如,孩子迟迟无法集中注意力,你可以给他讲讲自己的故事,告诉他:"妈妈以前也总是这样,但是现在学会集中注意力了,你想知道方法吗?"

孩子就会产生主动倾听、尝试的念头,而且知道自己的父母原来也有过这种心态,他就不会忐忑不安了。

平等探讨、分享感受、理解合作,孩子会更好地成长。

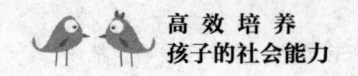

☆ 自尊心：宁可选择骄傲，也不要拥抱自卑

在传统教育中，我们常常会忽略孩子自身的意志。这一点往往来自父母对孩子的优越感，来自一个成人对幼儿的优越感。如果你不信，看一看下面这些话是否经常出现在生活中：

"小小的孩子，有什么自尊心？"

"才这么大就知道跟家长犟嘴了！"

"爸爸妈妈说的话你就得听！"

当出现这些话的时候，你就已经在向孩子炫耀家长的优越感，并且在这个过程中做了一件大大的错事——伤害了孩子的自尊。

千万不要以为小孩子没有自尊心，事实上，对于这些尚未接触过社会、没经历过什么挫折的幼小心灵而言，获得他人的尊重反而是他十分迫切的需求。

墨墨快上幼儿园了，妈妈才不时带她出去玩儿。

因为从小没有见过太多陌生人，每次妈妈让墨墨跟不认

第五章
正面管教，少不了鼓励和批评

识的叔叔、阿姨打招呼，她总是抿着嘴往妈妈的怀里钻。时间一长，妈妈就给孩子打圆场说："都怪我不经常带她出来，这孩子胆子太小，看到生人就害羞。"

慢慢地，墨墨明白了妈妈话中的意思——自己害羞是不好的，害羞是胆子小的表现。得到了这种来自母亲的负面评价，墨墨非常介意，而这并没有让她学会知耻而后勇——毕竟她还这么小，只会让她变得更加沉默、胆怯了。

妈妈的话，成为墨墨日常生活中评价自己的标杆。只要人一多，她就会表现得特别羞涩，也常常跟别人说当时妈妈说过的话："都怪我平时不经常跟大家一起玩儿，所以就太害羞了。"

因为从小生活在这样的负面评价当中，导致墨墨的性格越来越接近妈妈所说的样子，这让妈妈后悔极了。

在孩子的世界里，父母就是超人，是值得信赖的。所以，父母的评价在孩子眼里充满权威性，你的鼓励会让他开心不已，你的否定会击溃他的自信。

正因如此，父母要学会"谨言慎行"。若是不加思考地给孩子负面评价，只会让他自暴自弃；相反，如果我们能经常鼓励孩子、尊重并呵护他的自尊心，他往往能做出比我们想象中更大的成就。

作为幼儿园老师，李老师每天都会面临各种各样的问题，仅仅是孩子入园就足够让她头痛了。

这不，芊芊一大早就跟妈妈来到幼儿园，但到门口时她还是躲在妈妈后面不肯进门。妈妈生气地说："你怎么这么不听话？再磨蹭，妈妈以后不带你上幼儿园了！"

看到妈妈生气了，芊芊吓哭了。

李老师就赶紧出来哄芊芊，看到她慢慢不哭了，立刻夸道："芊芊真厉害，这么快就不哭了，你是最勇敢的孩子！既然咱们这么勇敢，暂时跟妈妈分开一会儿能不能做到？你看，你要给弟弟妹妹做榜样呢！"

李老师指了指边上更小的孩子。芊芊点了点头，这次总算跟着李老师进了幼儿园。

对芊芊而言，老师和妈妈都想让她进幼儿园，但她们的做法不一样，所以芊芊的表现也不一样。

根据研究表明，几乎90%的优秀人才，在幼年时期都受到了来自亲人的鼓励和帮助，其中母亲的角色出现频率最高。这种积极的鼓励，并不是夸大的炫耀，而是用好的、向上的方式来形容和肯定孩子的行为——多关注孩子的优点，淡化他的缺点。

可对家长来说，"夸奖"孩子可能是最简单的，但也是最难办到的一件事。

望子成龙之心，常常让我们对孩子"高标准，严要求"，很少夸赞孩子的优点。但对于孩子来说，一直向着家长的目标前进却永远抵达不到，却是一件很累的事情。这时候，你就要夸夸孩子了。

【高效培养要点】

方法一：赞美孩子的每一个小进步。

每一次当孩子变得更好时，不仅要说"继续努力"，还要说"你比之前做得更好了，真棒"。对孩子已有的成就进行赞美，比给他画一个未来可能永远拿不到的大饼更有效。

有第一次就有第二次，当孩子尝试了第一步，后面的路就可以走得很顺畅。所以，我们一定要守在起跑线上，为孩子的第一步鼓掌。

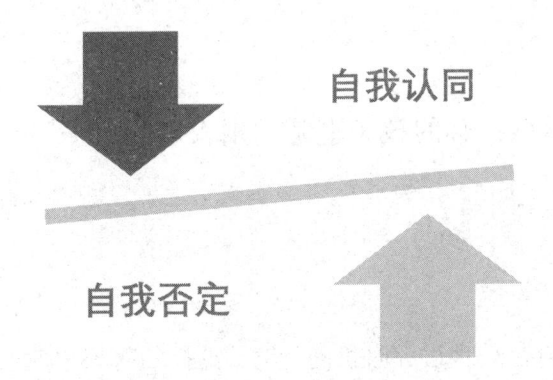

自我认同

自我否定

方法二：让孩子更有安全感。

让孩子拥有安全感，告诉他"爸爸妈妈一直在你身边"，对正在恐惧的孩子来说简直就是良药。他会因为安全感的建

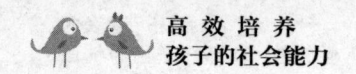

立而变得勇敢起来，从而更加积极，敢于去尝试。

营造安全感，就是给孩子自信的一种方式。

方法三：肯定孩子的感情和想法。

肯定，会让孩子增强自信，也能让他更顺畅地表达自己的感情、积极去做想做的事情。如果我们非要强迫孩子去做一些事，他也会让你感受到什么叫"强扭的瓜不甜"这个道理。

强迫行为，会挫伤孩子的积极性和自信心，并让他潜在地感受到父母对自己的不尊重。

☆ 认同感：你的孩子也是"别人家的孩子"

教育是一种讲究时机的行为，选择的时间和地点不对，教育效果可能会大打折扣。比如，当你想要批评或谴责孩子的某些不当行为时，也应该考虑到他的心理接受能力，尽量不要在外人面前批评孩子。

周末，小蒙妈妈邀请同事一家来家里做客，在对方到来

第五章
正面管教，少不了鼓励和批评

之前，她就细心叮嘱了儿子好几遍，待会儿一定要好好表现，不要让妈妈在同事面前丢脸。

这导致小蒙的情绪一度十分紧张，原本脸上期盼小朋友来玩的笑容也不见了。等到同事一家来的时候，他果然表现得十分拘谨。

这样过了一会儿，在有同龄人的环境下，小蒙才放松下来。只是一玩起来，他就把妈妈之前说的话忘了，开始带着小伙伴在家里到处乱窜，进行"探险"，奔跑打闹中还打碎了一个花瓶。

同事看到了，面子上过意不去，立刻把自己的孩子叫过来，教训道："你怎么这么皮呢？这才一会儿就把阿姨家的东西弄坏了，还不快给阿姨道歉！"

那孩子情绪低落地道了歉。

小蒙妈妈没有在意，主要是生儿子的气。她把小蒙叫过来，声音很高地教育了他一通，甚至中间忍不住大声吼了他。

小蒙悄悄瞥了瞥客人，心想，有外人在妈妈就这样说他，而他犯错误根本不是故意的，就越想越委屈。最后，两个孩子的情绪都不是很高，也没心思玩了。

孩子虽然还小，但他的情绪敏感度与成年人不相上下。小蒙被妈妈提前严厉叮嘱时，感受到了紧张，所以一开始态度就比较拘谨。后来他被当众批评，本身就已经有一些反感，尤其在外人面前，他更感觉自尊心受挫，进而对情绪的影响也很大。

人的情绪和心理有一种自我保护机制,在面对批评的时候,我们下意识地想要辩驳和反抗。也正因如此,在成年人中,能够听取劝告和批评的身居高位者,都被认为具有某种美德。

既然连部分成年人也无法控制自己的情绪,无法完全做到善于采纳和听取别人的建议,我们又怎么能要求孩子也在这方面做到完美呢?批评和教育孩子是对的,但我们要选择合适的场合,减少孩子自尊心受挫的感觉和理解孩子的自我保护心态。

在外人面前批评孩子,因为有旁观者的存在,孩子内心的受挫感、羞耻感会更加严重,他被激发的自我保护心理也更强,会下意识地想辩解或不承认自己的行为有问题,这就出现了家长眼中十分痛恨的"死不认错"和"犟嘴"等行为。

在幼儿园,程程因为过于淘气而跟小朋友产生了争执。放学后,程程爸爸来接孩子,老师当着程程的面把事情告诉了他爸爸,他爸爸只是笑着说:"我们回去一定会好好讨论这件事。"

程程爸爸不会当着老师和其他小朋友的面训斥程程,但这并不意味着家长对待批评的态度就不认真。回到家,爸爸往往会拉着程程坐下来谈一谈。这样的谈话气氛并不严肃,因为家长知道,过于严肃的谈话会让孩子的情绪过于紧张,而不能理解父母话语当中的重点。

"今天为什么把小朋友惹哭了？"

"因为他不跟我玩儿。"

"可老师说是你抢走了他的玩具才把他弄哭的，有这回事吗？"

"因为他不想跟我玩儿，所以我才抢走他的玩具，让他注意到我呀！"

听到这话，爸爸说："你想跟别人交朋友，这当然很好，爸爸也支持你。但是，有时候我们交朋友要注意方法，不仅要让别人注意到你，还要让别人在跟你玩的时候很开心，他才会成为你的朋友呀。你想想，如果有人总是把你惹哭，总是抢你的玩具，你会喜欢他吗？你会跟他一起玩儿，甚至成为朋友吗？"

程程想了想，摇了摇头说："我做错了，明天我就跟小朋友道歉。"

让孩子自己去思考并且发现错误，让他自己认错，效果比家长直接判定要好得多。因为很多孩子对被批评是抗拒的，他之所以不愿意接受家长的断言，一方面是还没有意识到自己的错误，没有发自内心认可别人的判断和批评；另一方面也是因为强烈的自尊心作祟，让他明明知道错了，却不愿意主动承认、不愿意低头。

如何让孩子在懂得道理并改错的同时，呵护他脆弱的自

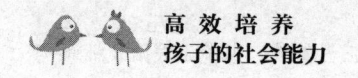

尊心和自信，是父母在教育孩子过程中始终需要注意的。

【高效培养要点】

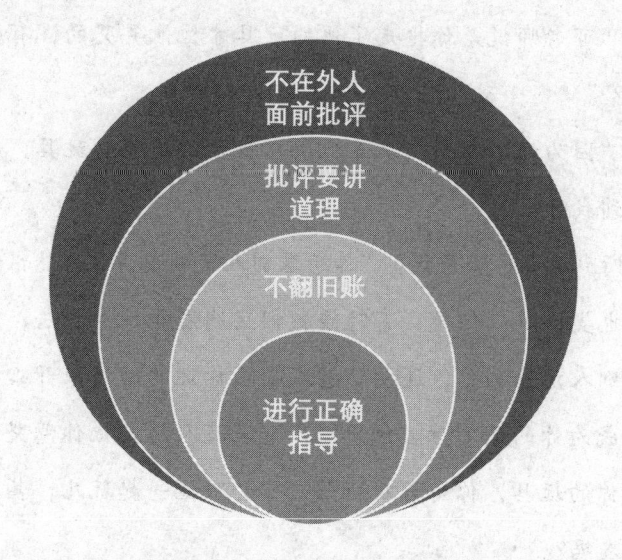

- 不在外人面前批评
- 批评要讲道理
- 不翻旧账
- 进行正确指导

方法一：批评孩子是一种比较私密的行为。

无论从哪方面来看，教育孩子都是自己的家事，不能展示在别人面前。

有些人当着别人的面批评孩子，是因为孩子犯的错跟对方有关，家长想通过这种方式缓解对方的怒火。但这些家长有没有想过，这种方式的确能在某种意义上给自己减少一些麻烦，可对孩子的影响却可能是一辈子的。

与此同时，孩子的自尊心也会强烈受挫，在情绪的影响下，很难接受父母所讲的道理，反而让教育的意义大大缺失。

方法二：私下批评孩子一定要讲道理，而不是直接下定论。

面对别人对自己的行为定论，孩子的接受度会大大降低。这是由孩子情绪和心理上的自我保护机制所导致的。别人的批评会挫伤他的自尊心，一直激动的情绪，让他将重点放在了被批评而不是批评内容上，道歉也变成了一种被强迫的行为。

有些孩子压根儿不明白自己为什么要道歉，而有些孩子知道自己做错了，也会因为强烈的羞耻感而不想道歉。与其给孩子的行为下定论，不如让他自己意识到问题并主动承认，这样他迈过了情绪的门槛，更容易接受父母的教育。

方法三：不要在外人面前翻旧账。

对孩子的批评和教育尽量不要翻旧账，尤其不要当成趣谈在外人面前反复提起。

有些家长总认为事情过去了，这些小错误反而是孩子成长过程中有趣的事情，可以跟外人交流。

事实上，你并不是当事人，也不知道孩子对这些事情的认知是怎样的，有些家长反复在外人面前提起打趣，反而会在另一种程度上伤害孩子的自尊。

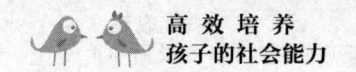

☆ 不放任：该批评时就批评，不要放任坏习惯

孩子的心态其实跟成年人一样，更愿意接受表扬，不愿意遭到批评。相比较于理性的成年人而言，孩子的情绪化更加严重，抵抗心更强。

但家长绝不能因为这个问题就回避孩子的错误，让他避免被批评。孩子既要正确认识错误，也要正确对待批评，良好的态度可以让他在日后受益，对他性格的培养也有好处。

假如批评是孩子成长路上必经的一种挫折，回避是没有用的，只有不断从挫折当中跌倒又爬起来，才能让孩子的逆商得到培养，才会让他用更积极的态度面对所有的困难与问题。

适当受挫、适当批评，对孩子的成长有益无害。

小英在幼儿园表现出了非常好的个性，活泼开朗、大胆勇敢，妈妈非常自豪。她一直觉得，孩子不管其他方面如何，开朗坚强的个性能够给他的将来带来很大好处。

但有一次，小英在幼儿园手工大赛的遭遇，却让妈妈发现他的个性中也有一些小问题。

当时,小英亲手制作了一个小机器人,高兴地说:"妈妈,这次我一定可以拿到第一名!"

看到儿子这样开心,妈妈也很高兴。别的小朋友也拿来了精彩的手工作品,出人意料的是,小英的作品最后被评为第三名。

第一次感觉到失望,小英特别不开心,路过获得第一名的小朋友时,他气鼓鼓地忍不住推了对方一下,小朋友没有站稳一下子跌倒了。

为此,老师严肃地批评了小英。

妈妈也觉得儿子从没有感受过挫败,才会造成这样的情况,批评一下是应该的。可没想到,从那以后一遇到事,小英就总问妈妈:"老师是不是不喜欢我了?"

"为什么你会这么说啊?"

"只有不喜欢我才会批评我,要是喜欢我,为什么对我这么凶?"

小英妈妈才发现,孩子对批评的认识和感受是错误的,可能正是因为他之前表现得不错没有受过挫折,在父母面前没被批评过,才会有这种消极的心态。

只有在孩子面临麻烦和问题的时候,我们才能更深入地观察到他的性格问题,找出他欠缺或者擅长的地方。没有批评过孩子,你永远都不知道孩子面对批评时的心态是怎样

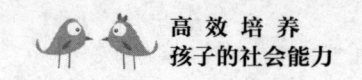

的，培养孩子的逆商也就无从谈起。

处于幼儿期的孩子，其思维方式与成人有别。通常，成年人以左脑的理性思维为主，而孩子在这一时期却是以右脑的感性思维为主。也就是说，他所感受到的委屈与不满，甚至是反抗意识都会更强烈一些。

在这种情况下，家长及时的引导非常重要。

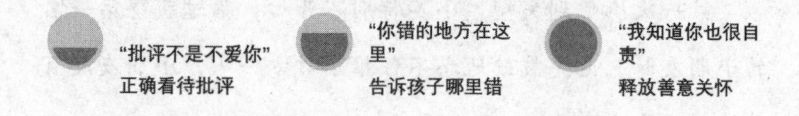

"批评不是不爱你"
正确看待批评

"你错的地方在这里"
告诉孩子哪里错

"我知道你也很自责"
释放善意关怀

【高效培养要点】

方法一：让孩子正确看待被批评。

"妈妈，你为什么这么凶，是不是对我不满意？"

面对批评时，成年人可以清楚地意识到这是什么原因导致的，也明白别人的批评很多时候并不代表反感自己，只是因为自己的行为不当，需要指出。

但孩子却不一定懂得这些。他对复杂情绪的感知能力很强，但判断力比不上成人，可能无法分清"批评"与"厌恶"之间的区别。

所以，我们一定要把批评的态度摆清，就事论事，让孩子明白他为什么会被批评，被批评的是哪些行为，以及批评并不等于不爱他。

方法二：批评要具体，告诉孩子错在哪里。

批评孩子的时候，一定注意不要笼统模糊，更不能随便下定义说"你是个坏孩子"。同时，批评一定要就事论事，孩子哪里做错了就说哪里，不要扯其他的，或者全盘否定孩子。

因为孩子的认知能力十分有限，指望他马上理解父母的意思，他往往会误解。

方法三：批评完孩子后，要释放家长的善意和关怀。

有些家长觉得，批评孩子的态度一定要坚定，说完之后还得让他面壁思过，这样才能让批评的效果更好。

所以，有的家长严厉批评完孩子后，往往会伴随让孩子思过、不理不睬、冷面相对等行为。

实际上，我们已经在前面把问题都说清楚了，后续再用冷漠的态度"惩罚"孩子，只会给他造成太大的压力，让他下次不敢把做错的事告诉父母。

被批评的孩子内心往往无助又委屈，还伴有难过、悔恨、愧疚等心情，如果父母置之不理，很容易导致孩子出现心理问题。因此，家长在批评孩子结束之后，应该让孩子感受到父母的关爱，缓解他的紧张。

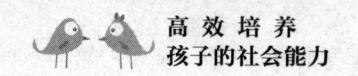

☆ 安全感：挫折教育，呵护孩子的自信

不经风雨，难成良才美质。父母正因为爱子，所以放手让孩子经历挫折坎坷，让他在打击下学会自己站起来。

挫折教育，是儿童教育中非常重要的一个环节。没有经历过失败的孩子，永远不知道在失败之后应该如何应对，所以天之骄子一旦心理防线溃败，往往后患更无穷。

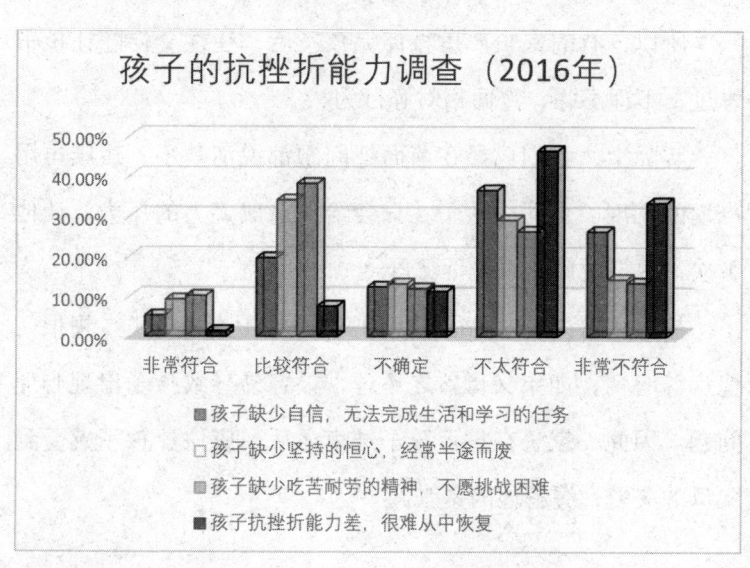

孩子的抗挫折能力调查（2016年）

横轴：非常符合、比较符合、不确定、不太符合、非常不符合

图例：
- 孩子缺少自信，无法完成生活和学习的任务
- 孩子缺少坚持的恒心，经常半途而废
- 孩子缺少吃苦耐劳的精神，不愿挑战困难
- 孩子抗挫折能力差，很难从中恢复

第五章
正面管教，少不了鼓励和批评

只是，挫折教育背后真的就是"虎爸虎妈"毫不留情的旁观吗？当孩子遭遇挫折时，我们应该怎么做才对他真正有益？这个"度"，有些父母似乎很迷茫。

晓晨从小就是个很优秀的孩子，她一直乖巧、努力、坚强。爸爸要求她从上学开始，就每天背两首诗、看十页书、跑1000米，风雨无阻，这标准也伴随着她的成长越来越严格。

不仅如此，爸爸对晓晨取得成绩的态度也非常严苛，很少夸赞晓晨的优秀，每每谈起，总是淡淡地说："这有什么好夸的，这是她应该做的。"甚至为了让晓晨专心提升自己，有意打击孩子的自信心，说她"长得不好看，以后除了读书没有办法改变人生"。这让晓晨很是自卑。

妈妈看在眼里，觉得孩子这样太苦了。可爸爸总是拦住她，说："我这是挫折教育，小孩子现在不打击一下，以后骄傲了还了得？让她学会谦虚，没什么不好的。"

这种教育模式，受到许多信奉"精英式教育"家长的赞同。著名主持人董卿就曾经说过，小时候她父亲的教育十分严格，导致她一直自卑，觉得自己无论如何都没法完成父亲的要求和期待。

可能有人说，正是因为这样，董卿才能在人群中脱颖而出，成为被人倾慕的"金话筒"。

但看到董卿谈起童年时眼角闪烁的泪光，想到一个董卿走了出来,还有不知道多少个"董卿"跌倒在自卑的路上,你还敢让孩子去体会那种感觉吗?

挫折教育,不仅仅是让孩子受挫,也要给他受挫之后爬起来的自信。在困难面前仍然挺直脊梁的人,不是咬牙坚持硬扛的,就是相信自己一定能扛过去的。

自信的孩子,会是后者。

小瑞六岁的时候,就跟爸爸去学游泳。泳池最浅的地方都比小瑞深一个头,别的孩子一下水就害怕了,小瑞却能够抿着嘴一次次地勇敢尝试。

呛水的时候,有的家长马上抱起孩子:"不怕不怕,咱们回家,不练了。"

有的家长在旁边狠心拉开孩子的手:"自己游,我不在你旁边,你就学会了!"

小瑞的爸爸则会细心地指导他,还鼓励说:"相信爸爸,我就在你背后,随时能保护你;也相信你自己,你这么努力,肯定很快就能学会。"

这种安全感让小瑞非常有底气,他相信爸爸,也相信自己,放开手脚去扑腾,果然很快就学会了游泳。

成年人容易迷茫,表现在工作、爱好、未来等方面。而孩子也有容易迷失之处,那就是来自父母的爱。童年时最大的恐慌和不安,莫过于迷茫"爸爸妈妈是不是不爱我了",这种情感如果不能得到缓解,很容易衍生为对自己的不认可、厌恶和自卑心态。

在孩子受挫时，他的安全感会降到最低，你可以不代劳他站起来，但至少要让他感受到你还在，你仍然支持他。

【高效培养要点】

方法一：在孩子受挫时，给他安全感。

有安全感的孩子往往更相信父母，也更加自信。

这种信任是相互的，孩子相信父母，关键时刻就会依赖父母。而这样的孩子不会怀疑自己是否被爱的，没有这种诚惶诚恐的心态，他对自己的认知和认可都会更高。

有安全感的孩子相信自己是被爱的，是值得爱的，这就是他自信的来源。所以，当孩子遭遇挫折时，沟通的重要性会得以体现。我们一定要关注孩子的心态，不断告知他"父母永远支持你""你是最棒的""我们爱你"，这样孩子才能有勇气面对困难。

方法二：鼓励孩子的努力，而不是他的天分。

孩子在克服困难的过程中，父母应该不吝于赞赏，表达对孩子的支持，孩子才有更大的积极性和行动力。

只是，鼓励的语言应该注意关注点——我们要多鼓励孩子在挫折面前的努力，少提及他的天分。

这种引导会产生不同的效果,当我们说"你这么努力,所以克服了困难,你真棒"的时候,孩子会在潜移默化间明白,努力才能得到成果;当我们说"你这么聪明,真厉害"的时候,孩子就认为自己的聪明是天分。

两者同样都能维护孩子的自信,但前者,孩子知道他的自信来自自己的能力,而后者往往会产生"不努力也可以做得很好"的心态。一方面,这会影响孩子的价值观;另一方面,一旦孩子的天分受挫,当他发现自己的智商也很普通时,就容易萎靡不振。

方法三:使用"挫折教育",但不要用冷漠的话语刺伤孩子。

很多家长在对孩子进行挫折教育时,信奉对孩子的严苛管理,不管孩子遇到怎样的困难,如何需要父母的帮助,都狠心站在一旁不管,也不管孩子获得了怎样的成绩,都用平淡的语气一语带过。

这的确能让孩子更独立,能让他看淡得失,但那种在需要时被最亲的人推开、被冷漠的话语刺伤的感觉,比六岁时独立做了什么事、八岁时获了什么奖对孩子的成长影响更大。

所以,不管你信奉怎样的教育理念,都不要用自以为是的"挫折教育"来打压孩子的成果、摧毁他的自信。

☆ 不功利：别要求孩子必须优秀

我们希望孩子更"优秀"，因为这可以让他未来的人生之路更加平坦。但这并不意味着不符合普世意义上"优秀"的孩子，就不如别人。

父母用成年人的眼光去要求孩子"优秀"，原本就是用局限思维去扼杀孩子的可能性。

有关孩子的童言童语这样说：聪明的鸟儿自己建造漂亮的鸟窝来孵蛋；笨鸟在艰难的环境下，用简陋的鸟窝养育小鸟；还有一种更笨的鸟，自己的鸟窝很简陋，但天天训练它的小鸟，等小鸟去建造漂亮的窝。

我们是哪一种家长呢？

不管我们活成了怎样的人，孩子都是独立的生命，他没有什么"必须要跟父母一样优秀"的使命，也不需要"比父母更优秀"，那些都是来自父母强加的期待，并不是属于他自己的。

如果跳出父母的角度再去看待孩子，是否会更加客观

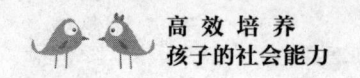

一些？

敏敏从小就经常听到爸爸妈妈这样说：

"好好学习，隔壁家的小军哥哥期末考试又是第一名，你要跟他学。"

"别跟小明一块儿玩儿，那孩子从小就皮，学习又不好，能给你带来什么好影响？"

"昨天不是让你去上英语辅导班吗，怎么又要去游乐园？"

敏敏知道，爸爸妈妈对她的要求很高，希望她漂亮又聪明，努力又优秀，以后做一个有知识、能赚钱的人。可是，为什么呀？

"为什么？因为不学习，你以后就没出息！"

"爸爸，为什么我就不能没出息呢？"敏敏天真地看着爸爸，"上次爷爷还说你没出息，我是爸爸的孩子，爸爸为什么可以没出息，我就不行？"

爸爸看着敏敏的表情，对这个问题一时间不知道该怎么回答。

许多家长望子成龙，可他们自己都没有把日子过明白，只把所有的精力都放在孩子身上，这样真的好吗？

就像许多父母，宁愿放弃自己的工作，放弃自己的生活，也要培养出优秀的孩子——这种一厢情愿的牺牲，是孩子想要背负的吗？

第五章
正面管教，少不了鼓励和批评

对孩子的教育绝不应该是功利的，我们盼着孩子成长为一个健康、快乐、有才学的人，但没有理由要求孩子必须优秀。

萌萌妈妈是一位优秀的建筑设计师，爸爸是牙科医生，两个人的工作非常忙，在各自的领域都有一定的建树，堪称学霸之家。

但在这样家庭长大的萌萌，却渐渐显露出跟父母不一样的地方来——她乖巧可爱，可并不显得十分聪明，甚至在算数、表达等方面表现出比一般小朋友更慢一点儿的征兆。

"也不知道这孩子随谁了。"这是家里人最常嘀咕的一句话。

优秀的父母往往会给孩子带去更多的压力，因为他们习惯了说到做到，习惯了完成别人的期盼，习惯成为将别人甩在后面的人，就更认为自己的孩子也应该做到。

萌萌的爸妈一开始也有些郁闷，自己的孩子竟然看不出什么天赋，只是个普通的孩子。但很快，他们就想通了——普通，难道不也是一种幸运吗？至少孩子健康，安全，幸福。

父母也许会因为孩子的"不聪明"感到郁闷，但萌萌自己从不这样觉得，甚至她大多数的苦恼都来自爸爸妈妈的期盼。想通了这一点，父母就再也没有用"推己及人"的条条款款来规划萌萌的未来、期盼她成为什么人，而是放手让她自由成长。

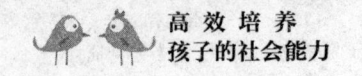

不管家长优秀与否，都不应该是干涉孩子成长的借口。他有自己的生活，在期盼他成为一个优秀的人之前，我们其实更应该期盼他活得健康快乐。

没有人有资格要求孩子必须优秀，我们只是他成长路上的引路人和陪伴者，你可以倾力给孩子帮助，但不应该成为评价他的人。

【高效培养要点】

原则一：别用自己的理想来要求孩子。

所谓的"优秀"，往往是父母在用自己的价值观打造孩子。但是，我们的世界，我们的价值观和眼界，就一定是好的、对的吗？

孩子的可能性是无限的，我们在引导孩子发现父母给予的可能性时，也要尊重孩子去尝试父母没有见识过的另外的可能性，他才有可能看得比父母更远，成为比父母更加优秀的人。

与其用自己的理想来要求孩子，不如做孩子的榜样，让他看看父母是如何追求理想的。让孩子学会这种方法，远比直接灌输更重要。

原则二：教育以鼓励为主，大事严格，小事不挑。

所谓"必须优秀"，潜藏的关键词就是父母的严苛和挑剔。这些家长用自己的观念划定了一条路让孩子走，不允许他有任何闪失与偏差，就像修剪一棵景观树一样修剪自己的孩子，这真的对孩子有好处吗？

教育，应该以鼓励为主，尤其是情绪化的孩子，"要求"会激发他的负面情绪，"鼓励"则会引起他的正向思考。同时，在原则性的大事上要多强调、注意底线，让孩子明确有所为有所不为，但细节性的小事可以给孩子适当放宽，让他自己有选择的自由。

从小就懂得掌控自己生活的孩子，长大以后才会有领导力。

原则三：允许孩子走自己的路。

当孩子的想法与你不一样，甚至与很多人都不一样时，你会用什么态度应对？

不管是赞成还是反对，首先，你都应该表现出尊重。

"是的，你有自己的选择，这很好。"这是我们在听到孩子发表意见时，首先应该做出的回应。不管孩子的意见和选择怎样令人失望，你都不应该说"不行"，因为父母只能建议，并不能代替孩子决定他的人生。

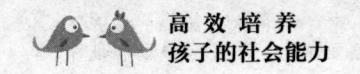

这样，孩子才会感受到被尊重，慎重思考判断的重要性。然后，我们才可以说出自己的建议："不过，从爸爸／妈妈的角度看，我觉得……当然，我尊重你的想法。"

第六章

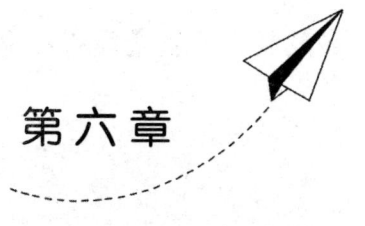

**孩子,你不必活成
我想要的样子**

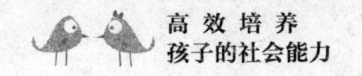

☆ 懂尊重：高效教育，就是懂得尊重孩子的梦想

童真童趣的一面是天马行空，另一面则是在成年人眼中的荒诞。

很多时候，我们既会感慨孩子的天真可爱，又会下意识地将他此刻认真许下的承诺和表露的梦想看作天方夜谭。

但用成年人的眼光去看待孩子的梦想，断言他"异想天开"，对孩子的成长打击很大。你的孩子，就真的不能实现梦想吗？

小羽从小就喜欢唱歌跳舞，经常跟着电视里的节目扭动身体并歌唱，亲朋好友看到之后，都开玩笑地说："这孩子真有艺术天赋。"

妈妈就给小羽报了一个兴趣班，让她学习自己感兴趣的事，这样她既能打发时间，又能得到全面发展。

不过，当听到小羽说："老师都夸我努力，我以后想当一名厉害的歌手！"爸爸妈妈只是把她的话当作玩笑，因为他们对小羽的期许只是让她学一门特长，如果发展得好，以

第六章
孩子，你不必活成我想要的样子

后也许能当音乐老师，别的他们觉得根本不可能。

小时候，小羽这样说，妈妈只是随便鼓励一下，没把她的话当真。直到小羽要上高中了，明确表示自己要走艺术生路线时，妈妈才慌乱起来，严厉地说："你现在的任务就是好好学习，别想那些没用的，咱们家就是普通人家，什么条件你还不清楚吗？"

小羽这才发现，原来父母从来没有真正把自己的梦想当真过。

一个极为有趣的现象是，孩子在孩提时代"过分"的梦想往往会得到父母的支持——因为大多数家长并没有将孩子所说的理想当真。而当他年纪渐长，开始做人生选择时，父母又多半持打击态度，展现出自己的务实作风。

根本原因在于，这样的家长从来没有将孩子的理想当真过，口头上的支持不过是"哄孩子"的一种态度。一旦孩子当真，父母就会表现出极大的抗拒，因为从成人的角度来看，他们并不认可或不认为孩子能实现理想。

然而，事实真是这样吗？

没有在孩子年纪小的时候抓住机会培养他，引导孩子实践自己的兴趣，意味着我们可能错过了孩子重要的天赋，或从某种意义上扼杀了他的可能性。

某英国纪录片曾选中十几个六至七岁大的孩子，观察他们成长过程中的变化，其中一个男孩令人印象深刻。

男孩出生于一个富裕的中产家庭，七岁时，他在摄像机面前表达自己的理想是成为一名受人尊重的律师。

尽管他的父母并不是律师出身，但仍然支持孩子的理想，并帮助他针对实现理想进行了人生规划——假如要成为律师，需要以哪些科目和成绩水平升入大学，如何完成这些科目，怎样了解并适应这个行业……

尽管男孩只有七岁，但通过父母的引导，他清楚地知道自己要做什么，从未来的理想一路倒推，明确在每个成长阶段要达成什么目标。

然后，他按照这个规划按部就班地去做。果然，他在28岁时成为一个律师事务所最年轻的合伙人，成了纪录片中为数不多实现梦想的孩子。

梦想之所以遥远，是因为错过了实现它的机会，从没想过真要追求梦想应该达成什么标准、一步一步该如何走。而孩子最大的优势，正是他有无限的时间和可能，任何看起来"难以想象"的梦想，他都有实现的机会。

而此时，家长要做的不是否定孩子的想法，不是把他的目标当作玩笑，而是在行动、语言上引导，借助他的兴趣，帮助他规划出不同阶段的目标。

第六章
孩子，你不必活成我想要的样子

【高效培养要点】

目标 ✚ 计划 ✚ 行动 ＝ 梦想

原则一：尊重孩子的想象，就是尊重无限可能。

"妈妈，我喜欢唱歌，我要当歌唱家！""爸爸，我想当超级英雄，拯救世界！"这样的话，你听过吗？

很多孩子对于"梦想"的热度可能是非常短暂浅薄的，但这不是家长敷衍他的理由。当孩子认真说出自己的梦想，并忐忑于可能实现不了时，我们应该表现出尊重："我相信你，你是个努力的孩子！""我们一起来尝试，看看你能不能做到。""当然可以，你是优秀的孩子！"

如果面对孩子的不确定，我们说的都是打击的话："别开玩笑了，咱们家有这个条件吗？""我看你这个脾气，就不是那块料！""你这孩子三分钟热度，明天就忘了。"孩子只会被打击，被贬低，被阻断想象力。

尊重，肯定，鼓励，就是尊重孩子的未来。

原则二：引导孩子把梦想化为小目标去实践。

"如果你想成为超级英雄，现在应该怎么做？"

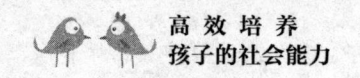

这样的想法，你有过吗？

大多数人的梦想只停留在想想而已，总结来说就是遥不可及的"科学家""企业家""精英律师"这样的名词，但如何去实现，谁也没想过。

把理想挂在嘴边，下意识地认为不可能实现，那都是成年人才会有的心态。孩子不一样，他可能真的跃跃欲试。而身为父母，应该乐见这种情况，并引导孩子思考如何去实现。

把梦想看作人生的第一个目标，我们在引导孩子思考的时候，就是在教导孩子实现目标的办法。

"你想想，超级英雄是做什么的？他们有什么特质吗？"

"怎么培养你的这种特质呢？"

"如果把你的梦想之路划分成几个阶段，每个阶段应该达成什么目标呢？"

这是一种"将长远目标拆分为短期目标，按阶段完成"的思维方式。通过这种引导，哪怕孩子没有实现理想，遇事时他也会思考如何去解决。

原则三：教导孩子学会做人生计划。

小孩子也需要有人生规划吗？没错。

而且，孩子的人生规划不应该是父母单方面设计的，孩子至少应该参与进来；当他的主观认识变得强大，则应该变成"孩子主导，父母协助"的方式。

孩子的人生规划可以按照几个节点来进行，"小学前""中学前""高中前""大学前"，每个教育阶段可以看作一个节点。当孩子有了自己的梦想，我们先要引导孩子去思考，确定成年后的目标和专业理想。这个理想可以尽量拔高，既能激励孩子，又推高了孩子的人生上限，所以不要轻易否定他的"妄想"。

而后，反推回来，如果要达成这个理想，求学阶段应该学习什么、现在应该做什么、成年后应该有什么储备……这样，再结合孩子的行动力，就能很好地培养他实践计划的能力了。

☆ 自律力：父母的要求应该"少而精"

在竞争压力颇大的当代，"望子成龙"的另一种解读，则变成了希望孩子至少成为不被这个社会抛下、具有竞争力的人。

这种期待看似降低了，其实促生了更大的焦虑。因为接受孩子的不优秀的这件事没有那么难，顶尖人才总是少数，可每个家长都不愿让孩子成为那平庸的 50%。

这就是为什么父母对孩子的要求看似体贴了,但自己和孩子的压力依然巨大的原因之一。

其实,想培养孩子成为有竞争力的人,父母不必因为焦虑而考虑到方方面面,只要把握住核心的教育准绳,其他方面任由孩子自由发展,效果会更好。

小悠妈妈感觉自从孩子上了幼儿园,她就进入到一种茫然失措的紧张中。

这家私立幼儿园,小悠父母花了大价钱才把孩子塞进去。有的孩子四岁就认识几百个英语单词,有的孩子钢琴弹得非常好,还有的孩子在假期跟父母外出游学、走遍各国各地。

这些充满竞争力的孩子,让小悠妈妈觉得非常焦虑,于是她也对小悠做出了许多规定:幼儿园放学后,她就要去学英语,然后回家练琴;周六上钢琴课,周日上午进行形体练习,下午学游泳或芭蕾舞……

把孩子的生活安排得满满当当,小悠妈妈才觉得放心了。可是时间久了,小悠每天都郁郁寡欢的,还没上课就累得不行,时不时跟父母说:"长大可真累啊,我一点儿都不想上课外班了。"

用无数的课外班来填充孩子的生活,试图让孩子在各个方面都达到自己的"要求"或者"期盼",是许多焦虑父母止,进而潜在地影响孩子以后的情商、同理心,影响他的社会交往。

方法二:"延迟满足"——培养孩子学会忍耐与专注。

没有任何成功是一蹴而就的。

看到别人的舞蹈跳得很漂亮,也许孩子会闹着想要学,但自己辛苦训练时,发现要达到别人的标准需要持久的努力,很多孩子就畏缩放弃了。这就是缺乏忍耐寂寞和诱惑的能力。

"延迟满足",就是决定孩子能否忍耐、能否专注的重要概念。具体是,当孩子面临诱惑时,在意识到忍耐和克制可以获得更有价值的长远结果时,他能否忍受住当前的诱惑,选择忍耐并取得更好的成果。

"延迟满足"能力强的孩子,在对待压力、困境、寂寞和挫折时,表现更好,而且更愿意坚持追求一个长远的目标,行动力也更强。比如,放学后,孩子要先做完作业才能看电视,能否让他克制住当下看电视的欲望,选择先认真完成作业,这就是一种考验。

方法三:培养孩子做计划的能力和行动力。

有计划又会行动,意味着孩子的"实践"能力很强。

任何实践行为,包括学习某一技术、培养某一能力、完

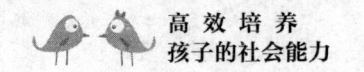

成某一项目，都是计划和行动的结合，而这也体现了人的自律。那么，我们要精简对孩子的教育要求，从这两点入手即可。

在孩子要自己做一件事时，家长要注重沟通，引导孩子自主做计划，并让孩子体会到实现目标的成就感。通过学习、练习、实践，真正让孩子学到"学习"的能力。

教育孩子，与其教他学习某些具体的东西，不如教他学会一种能力。对孩子的要求也是如此，与其把条条款款精确到方方面面乃至每一小时每一分钟，不如对孩子的能力进行培养。

☆ 原则性：把家庭教育当成一门事业

我们花了许多时间和精力，经过许多职业考试的评定，才能在职场上得到认可。可做父母这件事，明明是再重要不过的，上岗之前却不需要考核。

为人父母，只能自己考核自己——重视教育，慎重选择，把教导孩子当作一门不能后悔的事业去做，不要三天打鱼两

第六章
孩子,你不必活成我想要的样子

天晒网,时常改变自己的想法和原则。

任何教育理念如果不能坚持到底,都无法引导孩子得到家长想要的结果。

云云出生之后,新手爸妈非常关心如何教育孩子,他们慌忙买了不少书籍,还上了许多课程,学着育儿大V的教育方式来教导孩子。

今天看到有专家提倡快乐教育,他们就带孩子去玩耍、放松,将什么幼儿园学区、早教班之类的想法抛在脑后;明天看到微博上热议的当代教育缺陷,发现别的爸妈都力争让孩子"赢在起跑线上",他们就跟着思考该给孩子规划怎样"充实"的未来。

跟风式家长,可以说是这类父母最好的写照。

教育最怕的不是理念有问题,而是理念都对,却是"跟风式家长"。这种家长在许多地方汲取了一些教育理念,但还没有生成自己的想法,或者本质上并不赞同某些"专家"的意见,但因为盲目和焦虑,就强迫自己去学习这种模式。

这就导致了他们的教育态度不坚定,经常改变想法,进而改变对孩子的态度。

波波爸爸坚持让波波在接受基础教育之前,以接触大自然、培养想象力和解决问题的实践教育为主,不进行太多的知识性学习。这是波波爸爸自己的教学理念,一旦做了决定,他就不再频繁关注别人的育儿信息,也很少因为同事或

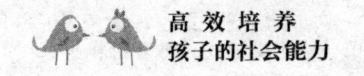

亲戚的交流而改变自己的想法。

所以，波波得到了非常系统的学前教育——每个周末，他们一家三口都会到周边地区游玩，爸爸带着波波在小溪边看鱼，妈妈带波波去山林式公园观察不同植物的花开花落，让孩子始终贴近大自然成长。

他们没有反悔或焦虑，中途没有将孩子送去课外班，所以波波的童年与其他小朋友不太一样。

但因为这些因素，构成了波波丰富的想象力、课本结合实践的联想能力与敏锐的观察力。

冰冻三尺尚不能凭一日之寒，孩子的成长更是如此。

连贯的教育方针与长期的坚持与实践，才能让我们看到孩子成长过程中家庭教育带来的影响。教育这项事业，也需要有长远目标，那种东拼西凑、照猫画虎的方式，永远都不适用于我们的孩子。

【高效培养要点】

原则一：任何科学的教育理念，都需要长期坚持。

教育孩子这件事，最大的问题就在于：道理说的都很清楚，但是一到实践上，很多家长就没办法按照之前的计划来执行。

有时候是因为家长的性格与家庭环境，很难做到完全按照指导的来；有时候则是没有真正理解育儿的道理，看到书中提到的好建议不能化为己用，自然会在实施时抛于脑后；还有的则是没有耐心，家长三天两头改变自己的想法，自然得不到理想的效果。

培养孩子就像浇灌树苗，长期坚持才能看到成果。

原则二：教育这门事业需要孩子的参与。

教育并不是父母单方面的任务，孩子也是参与者，是我们需要沟通的对象。所以无论何时，我们都应该将跟孩子的沟通放在第一位，得到孩子的认可和配合，教育才能真正进行下去。

忽略孩子的想法，硬性安排他的生活，也许你能得到一个乖巧听话、在某些方面也足够优秀的孩子，但他一定不是一个独立、能够抵抗风险的强者。

加强跟孩子的沟通，尊重孩子的选择，培养他的自主思考和判断的能力，这才是教育的基础。

原则三：教育永远都有不确定性，不要焦虑。

每个孩子都是独一无二的，在他真正成人之前，我们永远都不知道自己所选择的这条路到底是不是最好的，所以，好多父母都在战战兢兢地走着。

但认识到这个事实，并不代表我们就一定要被焦虑所困

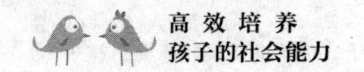

扰。很多家长所面临的问题并不是想不到,而是想得太多、顾虑太多,恨不得在孩子尚未踏入幼儿园之前,就把儿童到成年的发展都安排好。

其实,孩子的成长过程有许多不确定性,我们要把好关、引好路,这就足够了。

☆ 不盲从:别用"爱"的名义去指挥和捆绑孩子

并不是每个父母在为人父母之前,都懂得如何教育孩子。就像许多人花了十几年的时间去学习某些技能,却没有留下一点儿专门的精力去学习如何爱一个人。

奥黛丽·赫本说过,她性格中的缺陷影响了她后来的三段婚姻,影响了她的一生,这缺陷大多来自缺爱的童年。儿童也是从父母那里学会爱与被爱的,如果他没有从父母那里接收正确的观念,未来在生活、工作等所有需要投注感情的地方,观念都会扭曲。

所以,我们也要传达给孩子正确的"爱",不要以爱之名行捆绑勒索之实,让孩子因为父母的"爱"而痛苦,不懂

第六章
孩子,你不必活成我想要的样子

得如何正确表达爱意。

小慧知道妈妈很爱自己,但她又很怕妈妈。

当妈妈要送她去学钢琴,但是她想跟家里人一起去公园玩儿时,妈妈会不高兴地说:"小慧不听妈妈的话了,不是乖小孩。"

当妈妈在送她去学校的路上,三番两次唠叨她,发现她已经不再认真听时,会皱着眉说:"小慧是不是嫌弃妈妈唠叨?你现在就烦我了,以后长大了可怎么办哟!"

每次听到这样的话,小慧都会当真,非常着急地解释:"我听妈妈的话,我是个乖孩子!"妈妈便会高兴地拍拍她说:"妈妈就知道小慧是个好孩子。"

可小慧一点儿都不觉得自己这样很开心,相反,她总是感到紧张不安,生怕妈妈对自己不满意,又误会自己不爱她。

这是一种典型的"情感勒索"心理,其实,妈妈知道小慧爱自己,所以故意用这种话语来刺激小慧,以期望小慧乖巧和听话。但这样固然能吓唬住自己的孩子,可长久下来,孩子对父母形成的是在情感上被勒索的盲从,这对孩子的成长完全没有好处。

正如心理学家苏珊·富沃德在《情感勒索》一书中所言:"最关心你的人,清楚你的死穴在哪里;最亲近你的人,才能拖着你进行持久的战役。"亲近的人之间,反而容易出现情感上的互相利用和勒索,利用这种"爱"的名义来捆绑

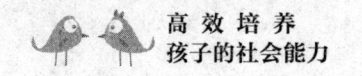

指挥，并不是父母应当做的事。

以"爱"之名出现的情感勒索，经常出现在各种场合与关系中：

"你要是跟我分手，我就去你单位闹。"

"求求你了，咱们这样不好吗？要是离婚了，你就别想再见孩子了。"

"你就是个不孝子，不听我的话，是不是想逼我去死？"

"看看你把我逼成什么样子了，都是因为你，我才会这样。"

"只要你听话，咱们就好好的。"

在这一刻，他们不再是父母、爱人、同事、亲友，他们统称为"勒索者"。

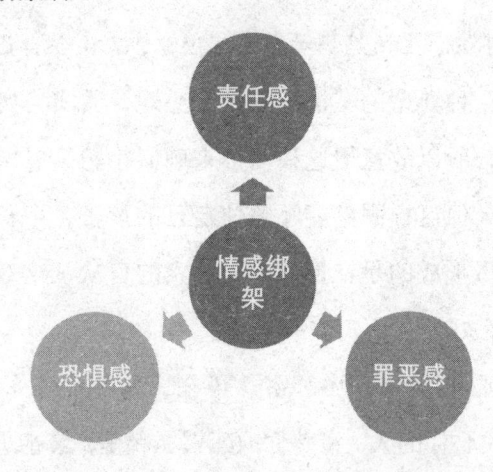

```
          责任感
            ↑
          情感绑架
          ↙    ↘
     恐惧感    罪恶感
```

如果你的孩子成了被勒索的受害者，往往会因为情感的绑架而出现三种心态：

第六章
孩子，你不必活成我想要的样子

恐惧感。恐惧某种需求得不到满足、某种关系崩塌、所重视的事物失去或毁坏。

责任感。受害者往往具备比一般人更强的责任感，他认为自己应该在这段情感关系中负责，做出贡献和牺牲。

罪恶感。受害者更加心软、富有同情心，勒索者所控诉的一切，不管是否真实存在都会让受害者产生罪恶感。

这样固然能在短期内控制孩子，达到让他乖巧听话的目的，但他的成长陷入一种不良情感状态，以后就特别容易成为各种亲密关系中软弱受害的一方，也会让他增添许多不必要的烦恼和负担。

所以，我们不该强令孩子活成某种样子，也不该因为他与父母的亲密关系而去过度要求、指挥他。

【高效培养要点】

原则一：不要给孩子无法商量的要求。

要求往往是勒索方提出来的，这种需求并不一定会十分直白地表露出来，但不管委婉或强硬，最终的结果是一样的——他已经打定了主意，没有商量的余地。

那些在亲子关系里，对孩子发号施令的语气和表现，比如"必须给我去上课，没有商量"，或者表达委婉但意思强硬的话语，比如"别人的孩子怎么那么听话，我怎么就这么

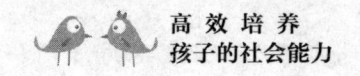

悲催？我都是为了你好"之类的建议，其实本质上都是一种决定，而非征求意见。

原则二：不要忽视孩子的抗拒心态。

没有商量的要求很容易导致孩子的困扰，让他的内心产生一种抗拒心态。在某种意义上，他在被胁迫着不得不满足家长的需求和想法，不管这种需求是否让自己感到抗拒。

此时，我们不能忽视孩子的抗拒心态，他正在培养性格的关键时期，长期让他委屈自我、被情感胁迫做自己不理解、不情愿的事，会扭曲他的个性。

原则三：在孩子抗拒父母的安排时，不要施加压力。

当孩子明确表达了对父母的抗拒和否认时，如果父母习惯了在情感上勒索孩子，就会给他施加压力，以让对方认可自己的决定。

这种压力可能来自道德方面，比如"不能跟爸妈顶嘴""做一个听话的乖孩子""爸妈为你付出这么多，你就应该听我们的"之类的话。这些父母习惯于在感情中做操控者，所以这一刻，他们不会去体会别人的想法，只想让别人遵从自己的决定。

对于亲子沟通，互相尊重、坦诚才是根本。

原则四：不要用爱来胁迫孩子。

情感勒索者的威胁，可能会不断夸大自己的痛苦，或给对方带来痛苦，再或者以对方的幸福做抵押，来进行各方面的威胁。

这种威胁往往不动声色，但处于关系之中的人，最懂它的危险程度。如果父母用自己的爱来胁迫孩子做事，最终伤害的仍然是子女。

一个理性、自信的家长，绝不会以爱之名去强行指导、逼迫孩子。

☆ 创造力：让孩子大胆地接触新鲜事物

从为人父母的角度上讲，我们希望孩子安全健康，但这种心态绝不可变成对孩子的过度保护，变成对孩子的禁锢。

让孩子大胆接触对他来说新鲜的世界，带着孩子进一步探索我们也未接触过的世界，可以扩宽他生命的广度。孩子发现和观察的过程，就是学习的过程，他所获得的知识也是从书本上得不到的。

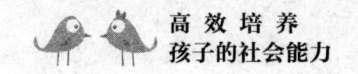

发现，本身就是一种重要的学习技能。一个学会发现的人，面对未知要怀有好奇跟勇气，他才有创造的行动力。在发现的过程中，孩子才能找寻到自己的学习目标和计划，摆脱迷茫。

孩子对学习目标和计划的认识（2016年）

- 毫无目标和计划 18%
- 相对来说比较迷茫 38%
- 不确定自己的状态 10%
- 不太迷茫 24%
- 有明确的目标和计划 10%

有时，孩子的行为不像是写好的影视脚本，不会完全按照我们的设想进行。所以，放开孩子的手，让他去探索只是第一步，我们甚至要鼓励他克服恐惧，把他推向更远的未知。

茵茵小时候胆子小，第一次去游乐园时，看到别的小朋友在跳蹦床，她第一个反应竟然是抱着妈妈的腿不敢上去。

妈妈看到之后，主动把茵茵放在蹦床上，用手按下蹦床，让茵茵体会到了被弹起来的感觉。结果被弹了一下，茵茵更害怕了，趴在蹦床上不敢动。

妈妈就开始反思，是不是自己的行为吓到了茵茵，没有起到让孩子克服恐惧、去尝试的效果呢？

果然，当妈妈再次问茵茵："你要不要去玩蹦床呀？"茵茵的表现还是很抗拒："我不敢，我会掉下来。"

妈妈换了个说法："如果妈妈陪你一起坐在上面，你愿意吗？"

茵茵迟疑了："我……好吧，可以试试。"于是，妈妈带着茵茵一起坐在蹦床上，用双手架着她，让她自己尝试。跳了几次，她就掌握了方法，高兴地自己跳起来，甚至玩到天黑都不想回家。

面对未知的事物，人们的第一反应是警惕与抗拒，放在孩子身上更加明显。如茵茵一样，很多孩子在面对新鲜事物时，最先产生的不是好奇心，而是恐惧。

当你发现孩子在新环境中表现得畏缩不前，恰恰是他选择缩在自己认为安全的范围里面了。此时就需要家长的主动引导，帮助孩子去尝试，满足他的好奇心。

不断如此，孩子才能够在未知面前养成勇敢探索的习惯，才能在遇到阻力和挫折的时候也仍然愿意去接触新鲜事物。

暑假到了，妈妈带着小鹏回到老家，这是小鹏第一次去乡下。

大人一时看不住，小鹏就想往地里跑，妈妈眼疾手快地拽住了孩子："别乱跑，地里很危险，有大虫子，还有蛇！"

这话把小鹏吓了一跳,不敢四处乱跑了。实际上,妈妈说这话除了担心他之外,也是怕他在地里乱跑弄脏了衣裳或者磕磕碰碰,干脆找这种借口来吓唬孩子。

小鹏虽然不往地里去了,仍然好奇地左看右瞧,时不时从路两边摘小草、野菜给妈妈看:"这是什么呀?""那是什么呀?"

妈妈觉得小鹏这样玩儿,拖慢了走亲戚的进度,一把将小鹏拽回来,训斥道:"你这孩子怎么就不能老实点儿呢?说了这次回老家要走动很多亲戚朋友,不让你乱跑,还跑!"

被妈妈这么一训,小鹏的兴奋感就打消了不少。

有些家长教育孩子以自己省心省力为出发点,因为觉得乖孩子就是好孩子,听话不惹事的孩子就是家长喜欢的孩子。可在孩子的好奇心面前,不断以打压的态度消磨他的勇气与想法,会让他在潜意识中放弃对新鲜事物的探索,进而缺乏创造力。

当你抱怨孩子缺乏勇气、不能适应新环境时,得先问问自己是否阻拦过孩子曾经有的好奇?或者在孩子恐惧地迈出那一步时,你有没有在背后支持、鼓励过他?

有创造力的孩子都懂得自己去探索答案,而不是在别人那里被灌输结果。

【高效培养要点】

原则一：耐心对待所有好奇的问题。

在面对未知时，孩子可能会有许多问题，而这些问题对家长来说或许是老生常谈，但我们不应该因为任何原因敷衍对待。

不怕孩子的问题多，就怕他没兴趣。

呵护孩子的好奇心，进而鼓励他去探索，正是从对他的每一个问题保持耐心开始。

原则二：鼓励孩子去尝试，但不一定要他认同家长的想法。

有很多我们觉得好的东西，都想让孩子去试一试，但我们也要接受孩子跟我们不一样的看法。

也许你喜欢音乐，可孩子就是不感兴趣，所以我们不能借助长辈的关系强行要求孩子认同。在面对这些事情时，我们应该坚持这样的态度："孩子，不管你感不感兴趣，先试试再去做判断。"

既不把家长所得到的判断结果直接传输给孩子，也不强行让孩子认可自己，而是鼓励孩子多尝试，让孩子培养自己的判断能力，对待新事物不偏见、不盲从，实践后再下结论。

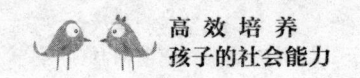

原则三：消除孩子对未知的恐惧。

小孩子排斥未知的世界，从本质上讲是一种本能的反应。

遇到这种问题，我们一定要给孩子足够多的支持，为他营造安全感，让他意识到一点——在有充分准备的情况下，尝试新鲜事物或融入一个新环境，带来的好处多。

不要简单粗暴地把孩子推到一个陌生环境中，却美其名曰磨炼；也不要把他挡在自己的羽翼中，自以为是保护。只有把握好度，让孩子自己打破心理防线，主动去接触世界才是最好的结果。

☆ 主动性：为孩子塑造主动发展的无限空间

为人父母后，我们一定都在脑海中做过对孩子未来的畅想，思考过孩子将来会成长为怎样的人，或者走一个什么样的发展道路。

这种思考会决定我们对孩子进行怎样的培养。但孩子能在这条路上走多远，不是我们能决定的，也不是我们能

第六章
孩子，你不必活成我想要的样子

想象的。

作为家长，既不应该强行要求孩子达到一种怎样的高度和目标，也不应该用自己的目光和规划去限制孩子发展的空间。在未来，孩子可能不如我们想象的那么优秀，但也有可能做出超乎我们想象的成绩，这就需要我们去塑造孩子主动发展的无限空间。

陶行知说："孩子的成长和发展需要有一个宽松的、开放的、积极的引导环境，需要在父母的热切盼望和等待中来迎接孩子的成长。"我们没有理由去违背孩子的天性，强行决定孩子要做什么。

家庭教育中儿童权利评分调查（2017年）

父母 ——— 祖父母/外祖父母

表达权 4.5 / 4 / 3.5 / 3

隐私权　　决策权

发展权

在这里，我想讲一个成年人的真实案例。

我的师兄老张是一位物理学博士，当年我们曾一起在美国求学过一段时间。

老张像是一个规规矩矩的优秀生，别人家的省心孩子，

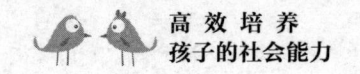

拥有令人羡慕的稳定生活——父母都是理工学方面的工程师和教授，他也子承父业学习物理，发表了一些有影响力的论文并拿到了博士学位，前途一片光明。

但老张毕业后，没有选择回国，而是第一时间用自己多年攒下的积蓄，入读了一所大学的建筑系。

对来自父母的苛责询问，他是这样说的："当初我就喜欢学建筑，是你们硬要逼我去学物理，甚至改了我的志愿。现在我按照你们的期望把物理博士读完了，接下来，我可以追求自己的人生了吧？"

也许老张身上仍然有来自父母的影响——富足家庭带给他的任性，让他可以在二十七八岁再开始新的历程。但更多的是，父母对他的人生过度干预所导致的遗憾。

一个人懂的知识多，并不代表就会教育孩子，往往正是因为知识太多，便以为自己所拥有的经验是最适合孩子的，就容易出现在孩子面前指手画脚的情况。

热衷于替孩子做决定的父母，不妨问一下自己："到底是你对孩子的希冀太高，还是你想要弥补自己当年的遗憾，培养出另一个你呢？"

给孩子提建议不是坏事，但前提是尊重他。有些父母一厢情愿地替孩子安排好要走的路，反而忽略了孩子自己是否能接受，一不小心就变成了与孩子之间的对峙和抵抗，反而本末倒置了。

第六章
孩子，你不必活成我想要的样子

小柳去年考上了国内一所知名大学，很多人都来问他妈妈，到底是如何教育出这样的孩子的。

柳妈妈总是羞涩地说："我们真没怎么插手孩子的教育，都是孩子自己闯出来的。"

柳妈妈是个清洁工，柳爸爸常年在外地打工，两个人的文化水平都不高。因为觉得自己教不了孩子太多，柳妈妈很少干涉孩子的学习，从小柳上小学开始，就非常尊重他自己的意见。她总是说："妈妈也不懂那么多，你可以自己考虑一下该怎么做。"所以，小柳就养成了自己做决定、自主发展的能力。

柳妈妈虽然懂的知识不多，却懂得教育，知道什么时候鼓励孩子、什么时候开导孩子，也知道在孩子沮丧、烦躁的时候，怎么帮他排解情绪。

柳妈妈用自己的生活智慧帮助小柳成长，却不干涉他也不给他学习压力，反而让小柳成了一个自学能力极强且品学兼优的人。

能够在孩子的成长道路上给他一些建议，如果足够幸运的话，可以帮助他避免一些波折和苦恼，这当然是为人父母最大的确幸。而这个过程，我们应该始终清醒地认识到，我们能给孩子的只有建议，没有要求；而我们的建议，也只是局限于自己短暂几十年所接触认识的世界，孩子也许拥有更多的可能性。

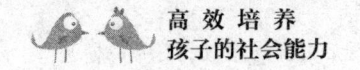

别用自己的眼界，自以为是地去限制孩子的未来，哪怕你真的非常优秀。但我相信，如果你的孩子可以自由地去接触世界，他也会成长为另一种模式的优秀者——很大的可能，他身上会有你所不及的优点。

【高效培养要点】

方法一：给孩子一点儿独立的空间。

给孩子一点儿独立的空间，加上等待他试错的耐心，他才能从这个过程中成长。

没有任何教育能比得上亲身经历，父母如果总把自己认为好的东西摆在孩子面前，一方面，他接触到的就是父母走过的世界，这种局限性可能会传到孩子身上，让孩子眼界窄；另一方面，孩子习惯了从父母那里直接得到"对的"，他就不懂如何分辨"错的"，没有自己选择、试错、弥补的过程，又怎么算是真正的成长。

你给孩子多大的空间，就能培养出他多宽广的眼界和创造能力。

方法二：给孩子自由支配的时间。

给孩子独立的空间只是一方面，我们还要给他时间。

家长总是不相信孩子有安排时间的能力，觉得他会把自己的生活安排得一团糟，肯定会每天玩耍、从不学习……其实，这都是我们自己想当然，孩子还没有适应过、没去做过，你就急着给他定性吗？难道连一点儿信任都不给他？

别说是孩子，成年人尚且有不自制的时候，但这并不代表我们就一定要约束孩子。当他自行安排时间，体会到了不遵守规则、挥霍时间带来的后果时，就会自己培养自制的念头和意识。

方法三：让孩子自己去判断。

某种行为到底是对是错、该怎么选才是好的，不应该由父母来决定，应该是孩子自己思考辨别的过程。

给孩子自主的空间，孩子可以锻炼判断选择能力，进而培养自己对事物的认识、分析和解决能力。只有能清楚地做出判断和选择，才会知道如何规划自己的人生，这样的人是自主的、独立的、清醒的。

所以，给孩子机会，而不是给孩子"对的未来"，孩子才能创造出更多的可能。

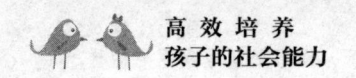

☆ 学习力：跟孩子一起学习和成长

俗话说"活到老，学到老"，身为父母的你，有没有在不断学习呢？

当孩子还小的时候，父母常常念叨着"代沟""不理解"；当孩子长到为人父母的年纪，突然懂得了代沟从何而来——

孩子嘴里念叨的新鲜名词，有一半都没听说过；

孩子的世界流行的游戏、交友方式、关注点，跟家长想象中的也有很大不同；

甚至，随便在网络上搜索"是不是我老了"，这个词语下就有无数成年人在叹息：我们和孩子的世界已经逐渐脱节了。

正因为不懂，所以才有许多不理解和不接受，才无法走进孩子的世界，不明白他为什么要这样，进而产生简单粗暴的对话和对立。而这原本可以避免，方法也很简单，那就是永远像孩子一样保持好奇心，跟孩子一起学习，伴随他一起成长。

第六章
孩子，你不必活成我想要的样子

小南的班上最近流行一种学习手表，虽然是手表，但可以打电话、聊天、视频，甚至还能玩游戏，凑在一起碰一碰还可以加好友，许多同学都买了。

对这种学习手表，爸爸的态度非常反感："又是一些商家想出来骗钱的，让孩子都不能好好学习了。别人买我不管，你不准买！"

小南委屈地答应了。可是爸爸不知道，班里的很多小朋友都有了，他们加上好友之后，就有了自己单独的朋友圈，不买手表的小朋友很容易被无形中排挤——一下课，大家都在讨论相关的事，小南根本插不进去话。

小南觉得很难受，就在家里又哭又闹地要买。对此，爸爸的反应更加激烈："谁教你的坏毛病，说了不买就不买，闹什么闹？"

对该不该满足孩子的这个要求，爸爸有自己的看法，这当然没问题。但他的态度明显表现出对孩子所处环境的不了解，仅仅是从自己的角度看，觉得这是一个没必要买的小东西；而小南为此反复求家长的行为，反而被认为是一种坏毛病。

但从孩子的角度看，他有迫切满足这个要求的需要。爸爸是可以拒绝的，但至少应该听一听小南的想法，了解一下到底是怎么回事，才能更好地做决定。

这明显是跟孩子的世界脱节了，也跟孩子的处境心态脱节了。长此以往，就会造成家长不知道孩子在想什么，孩子也不懂父母在想什么，产生彼此之间互相不理解、互相攻击的情况。

小悠刚刚上小学，就说自己有喜欢的"偶像"了，这让妈妈特别担心。

在妈妈成长的年代，追星是一种特别不理智、被家长严防死守的行为，尤其是那些过度追星、跟着偶像到处跑，还要各地看演唱会的孩子。

妈妈对别人追星没什么好恶，但放在自己孩子身上，总担心以后她也过于沉迷。但因为小悠还小，问题并不大，而妈妈也觉得应该了解一下再说，所以专门上网观察了现在孩子的追星情况。

妈妈发现，有些孩子虽然也因为追星花费了时间，甚至荒废了自己的生活，但如果正向引导，偶像也可以成为一个好榜样。于是，她开始引导小悠："宝贝你看，你的偶像××哥哥非常努力、优秀，成绩特别好，咱们要向他学习。"

小悠深以为然，每天都在学校里争取表现得更好，要跟上自己偶像的脚步。

孩子不愿意跟父母沟通，往往是因为父母没有读懂孩子的心，却硬给孩子做指导。如果能了解孩子在想什么，理解他的处境，提供给他可以接纳的建议，双方的沟通会高效很多。

与其埋怨孩子为什么不听父母的话，不如想一想，我们是否还能跟孩子的思维连接上，我们真的懂孩子的世界到底是怎样的吗？

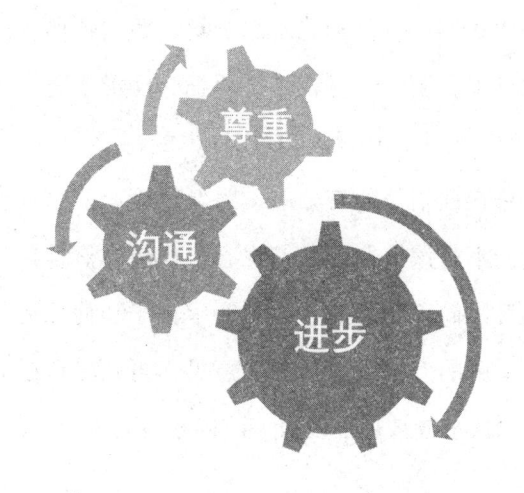

（齿轮图：尊重、沟通、进步）

【高效培养要点】

方法一：培养孩子的包容性，自己也要与时俱进。

包容、接受、拥抱这个变化的世界，不仅是孩子应该做的，也是家长始终要追求的——与时俱进，不被时代抛弃，不断学习和接纳外界的新事物，我们应该跟孩子同步调。

不仅孩子要学习和成长，家长也要不断精进提升，共同成长为更好的自己。同时，这也是在给孩子建立一个好榜样，增加我们跟孩子沟通的可能。

方法二：多跟孩子沟通，听取他的意见。

通过跟孩子共同成长，能够避免"鸡同鸭讲"的亲子沟通情况，让我们理解孩子的思想土壤，明白他所处的环境和需求。但有了土壤还不行，还需要细心浇灌培育，这就是在理解孩子的基础上进行深入沟通。

尤其是在面临与他有分歧、跟新环境、新事物有关的事情时，我们不应该按照自己的观念认识想当然地代替孩子做决定，或者以简单粗暴的方式来要求孩子如何如何，而应该以沟通、了解的方式听取孩子的意见，再做出自己的判断和建议，说服孩子或被孩子说服，这样才是有来有往的交流。

方法三：尊重为先，才有学习的心态。

许多父母之所以不能跟孩子一起学习成长，本质上是不愿意放下长辈的权威性，或者说，是对孩子的世界缺乏足够的尊重。

的确，孩子的喜好、认识有局限性，他的社会关系组成更加幼稚简单。但对孩子来说，那就是天大的事情，是他的一切。

我们不应该小看孩子的喜怒哀乐，把他世界里发生的事看作"小事"，尊重他的认知，才能很好地了解他、一同学习成长。

第七章

**教孩子学会拒绝，
就是最好的保护**

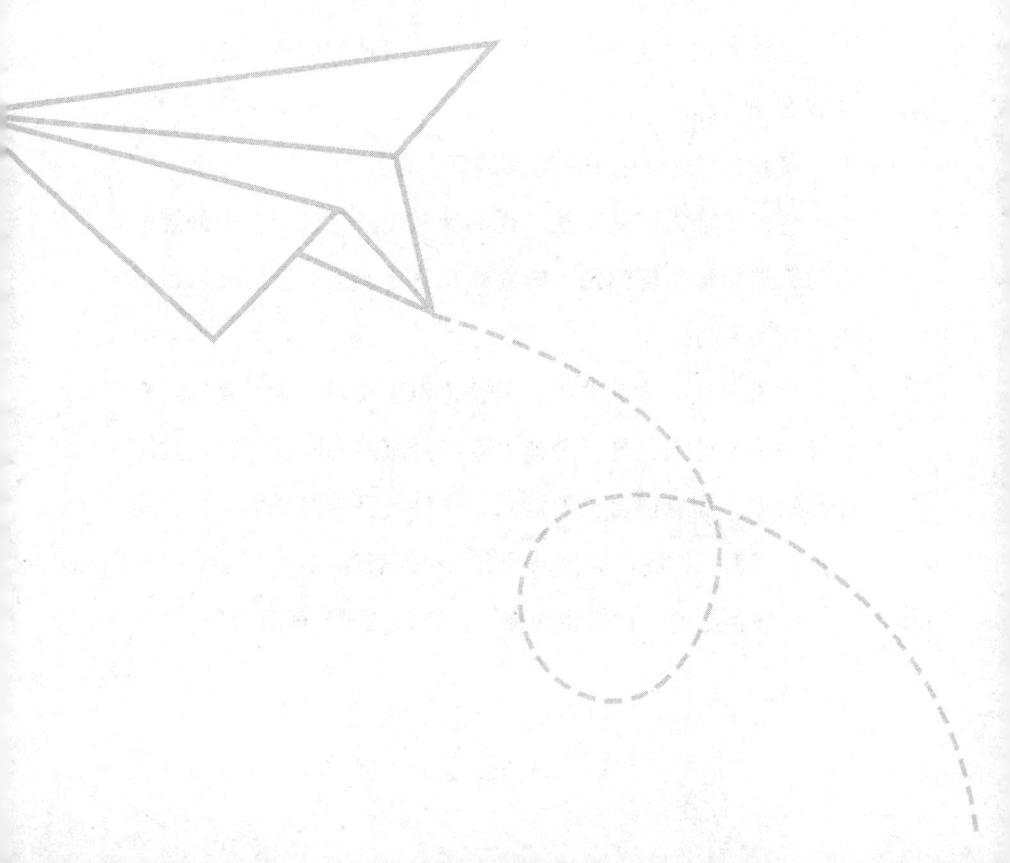

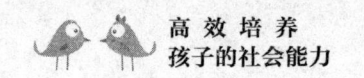

☆ 不委屈：学会说"不"，快速提升社交能力

讨好型人格，成为近些年来年轻人讨论的一个热点。

"有时候，做事的目的不是为了自己，而是担心别人不高兴。"

"特别在乎别人的看法，为了获得他们的肯定和喜欢，让我做什么都行。"

"我想成为一个被人夸奖的好女孩。"

许多年轻人深受其扰，也深受其苦——过于在乎外界的看法，迫切地想得到别人的喜欢和肯定，他们宁愿委屈自己也要让别人高兴。

这是谦让、体贴的传统美德，但也要讲一个"度"。有分寸地体贴他人，是一种让大家都舒服的交际哲学，但过于体贴别人，却忽视自己的需求，牺牲自己来取悦别人，就是一种互惠关系错乱、让自己受害的错误表现。

不懂拒绝的"讨好型人格"，在孩童时期就有表现了。

第七章
教孩子学会拒绝，就是最好的保护

```
       害怕表达自己
           ↑
没有原则底线 ← 讨好型人格 → 不懂拒绝
           ↓
   喜欢主动道歉   习惯迎合
```

小美是大人眼中的乖女孩，懂事又听话。在幼儿园里，她从来不跟小朋友争抢玩具，哪怕是自己特别喜欢的，只要别的小朋友说："让我玩会儿吧，我也想玩儿。"小美就算不情愿，也会老老实实地交给别人。

过生日时，妈妈给小美买了一个新手镯。幼儿园的小朋友看到了，特别喜欢，想要试一试，小美还是乖乖地把手镯让给大家戴。

妈妈问小美为什么这样做，小美怯怯地说："老师说，要团结友爱，跟大家做好朋友。"

妈妈听了，笑眯眯地说："我们小美真懂事，这么会照顾别人！"

大人喜欢夸赞孩子"懂事"，可这种懂事往往是通过牺牲自己、委屈自己来实现的。我们眼中"懂事"的孩子，很多都在冲突面前不愿意惹事，所以宁愿牺牲自己的利益而委曲求全。

对孩子的这种行为进行夸赞，就等于是给孩子一种引导——出让自己的利益来获得别人的满足，是一种正确的行为。

长此以往，孩子就学会了这种不必要的"体贴"，哪怕他心里并不接受这一结果，哪怕他会因为这种选择感到委屈难过，也不会拒绝别人。

孩子真的不能说"不"吗？拒绝别人，就是不懂事的表现吗？

晓晨从小就是个很有"主意"的孩子，有时候，父母甚至担心他会不会不合群。

周五放学时，好几个小朋友都想明天去公园玩儿，央求着家长带他们一起去，大家就商量着带孩子一块出去玩儿。大多数小朋友对这样的集体活动都很感兴趣，但晓晨却拉着妈妈的手，摇头。

"为什么你不想去呀？好多小朋友都去呀。"

晓晨皱着眉头，说："平时我都可以跟他们一起玩儿，但是周末我想去跳舞。"

原来，妈妈给晓晨报了周末的舞蹈班，晓晨非常喜欢，一期不落，从来没有跟老师请过假。面对和小朋友们一起出去玩的事，他也毫不动摇。

第七章
教孩子学会拒绝，就是最好的保护

"那你不担心其他小朋友不跟你玩儿了吗？"有别的家长笑着问。

晓晨瞪大了眼睛，说："可是我们天天见面呀，只是两天不见，他们怎么会不再跟我玩儿了呢？"

很多孩子的"讨好行为"，恰好是来自恐慌，担心拒绝别人会造成不好的后果，比如对方不跟自己玩耍、排挤自己，或者干脆是来自父母的责难。

其实，当孩子真正拒绝过别人一次，就会发现许多事情并没有那么严重，完全不必担心。而这个过程，需要父母的支持和鼓励。

很多家长总担心孩子不会交朋友、不合群，在孩子能自己处理好问题的时候，横加指导，反而容易把事情搞砸。比如晓晨这种选择，如果是过度担心孩子交际的父母，可能就先要教育晓晨"合群"的重要性了。实际上，连孩子自己可能都想不到这么多。

让孩子学会融入群体有很多办法，但每一种都不是以牺牲自己的思想和选择为基础的。交际的基础，一定是保有自己的独立判断，坚持内心的感受，对不愿意做的事情大胆说"不"。这样，孩子才能在社交活动中学会"互惠"，而不是永远"利他"。

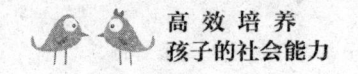

【高效培养要点】

原则一：鼓励孩子说"不"。

人的天性是直白的，喜欢就是喜欢，拒绝就是拒绝。但有时候，往往是来自父母的教育引导，让孩子意识到说"不"是一件羞耻的事情。

的确，分享、谦让、礼貌都是美好的品德，但这并不意味着孩子要没有底线地进行分享，"达则兼济天下"的前提是已经满足了自己的"达"，损害自己而体贴别人的行为是不值得提倡的。

应该教育孩子建立社交底线，有选择地进行分享，有选择地说"不"。不要把不想分享的孩子看作是自私的，更不要因此呵斥他，多去了解他的内心，理解他行为背后的意义。

原则二：鼓励孩子说出自己的需求。

"我想不想不重要，重要的是你愿不愿意。"这样的话，家长跟孩子说过吗？

家长去关心孩子"愿意与否"，就是探究孩子的需求和心理。尤其是这个选择应该由孩子来做的时候，我们更不应该一厢情愿地替孩子做决定，我们的想法在这种事情上不重要，重要的是孩子的需求。

鼓励孩子表达自己,尊重孩子所谓"自私"的想法,这才是对一个人的健全人格的尊敬表现——只有你尊重孩子,孩子才能成长为一个自重的人,不会为了讨好别人而委屈自己。

原则三:不要打压孩子对家长的反对。

有些家长固守"尊卑长幼"的观念,认为孩子反对自己就是一种犟嘴、不尊重长辈的表现。时间久了,家长就会做出一意孤行的事,不顾孩子的想法而损害他的成长。

我们要杜绝这种情况。只要你尊重孩子有道理的意见,不对孩子反对的话做出一概不听的打压,而是选择跟孩子交流、互相尊重,那么孩子也愿意跟你沟通,更会有勇气说"不"。

从父母这里得到拒绝的勇气,孩子才敢去拒绝别人。如果父母的教育对孩子来说都是不容拒绝的,他又怎么敢、怎么会对陌生人表达抗拒呢?

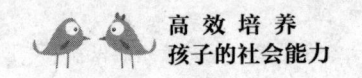

☆ 识行为：面对他人的恶意，有效保护自己

孩子的世界因为简单而纯洁，也因为简单而直白，来自他的善意能让你热泪盈眶，而他脱口而出的伤害也能让你无从回避。

小朋友面对同龄孩子不经意之间的嘲笑、批评、攻击，应该如何保护自己，缓解那种被伤害的情绪，家长们想过吗？

有些家长认为，小孩子不会在意。

实际上，正是因为孩子的世界有着有限的边界，所以在很小的事情上，就有可能产生分歧，并且有巨大的情绪波动。长期成为伤害者，可能会让孩子不经意间对别人使用语言暴力；长期成为被害者，会给孩子留下难以磨灭的自卑记忆。

根据调查，71%以上的受访家长都重视对孩子的性格培养，教孩子在面对语言伤害时从容应对，也是性格培养的重要方面。

第七章
教孩子学会拒绝，就是最好的保护

家长最注重培养孩子的哪一方面？（2017年）

- 体质培养
- 学习能力
- 性格培养
- 才艺教育
- 其他

1%
5%
14%
9%
71%

一个情商高的孩子，一定是有逆商的，在遇到外界打击的时候，他依然能够保持本色，而不至于因为别人的伤害变得颓靡。但孩子的逆商并不是天生就有的，需要父母的呵护和用心培养。

妈妈最近发现，五岁的女儿佩佩经常闷闷不乐，总是在镜子面前转着圈看自己，甚至还闹着不想吃饭，要不就是早上不想去幼儿园。

妈妈不知道佩佩到底怎么了，还以为她只是闹小脾气。直到有一天，她在接孩子时发现佩佩一个人躲在角落里哭泣，才发现问题的严重性。

妈妈问了好几次，佩佩开始还闭着嘴摇头，什么也不说。后来忍不住了，她"哇"的一声哭出来，一边哭一边说："妈妈，我是不是太胖了？我是不是特别丑？别人都不喜欢我了呢。"

佩佩的确是个胖乎乎的小姑娘，大人见到了都夸，说这小姑娘长得有福相，看着很壮实。只是现在的孩子也有了自己的审美观，一个个都挑剔着呢，妈妈这就明白了，佩佩肯定是在幼儿园被别人嘲笑了。

果然，仔细询问后，佩佩说了实话："最近班里的好几个男生特别讨厌，总是说我长得胖，像个球，叫我皮球。"

"你怎么不告诉妈妈呢？"

"告诉家长和老师的话，大家知道后就更看不起我了。"佩佩噘着嘴，"妈妈，你可别告诉别人。"

这就是很多孩子不愿意把受伤害的事情告诉家长的原因，甚至当家长知道了要给他找公道时，他还要拉着家长不愿意去——因为他害怕遭受到群体更大的嘲讽和报复。

面对孩子因为他人的语言而情感受到伤害的情况，家长要分清楚两种可能。

首先，孩子的情感比较脆弱、对外界的态度很敏感，同时不太能揣测别人的真实情绪，容易将别人正常的话语当成嘲讽、训斥。此时，家长要先探究真相，再帮助孩子学习、认识别人的情绪、行为的真正意义，让孩子建立正确的认知关系，避免自身出现过度反应。

其次，则是来自外界真正具有恶意的嘲笑。一旦出现这种情况，绝不能坐视不理、软弱承受，一定要予以否认或还击，并且帮助孩子建立正确的自我认知。只有如此，孩子才

第七章
教孩子学会拒绝，就是最好的保护

不会因为环境影响而养成自卑怯懦的性格。

日常生活中，不嘲笑他人，不听信别人的嘲笑而贬低自己，才是家长给孩子最正确的成长引导。

后来，佩佩妈妈是怎么做的呢？

妈妈知道那些孩子也并不是真正的坏，但他们的话对佩佩造成了极大的打击，甚至让她怀疑自己，这是绝不能放任的。

因此，妈妈带着佩佩出去逛街买衣服，把她打扮得漂漂亮亮的；带她去动物园，见识不同小动物不一样的美丽，让她知道这世界上有很多种美；带她参加"夸夸活动"，接受别人的赞美……

佩佩很快就坚定了自信，尽管还有人说她胖，但她仍然是个可爱的小姑娘。

妈妈还悄悄找到老师商量，然后老师专门开了一节课，带大家认识不同的美，在课上夸了每个人的不同。大家都知道了自己是有优点的，佩佩对自己的认同感也更强了。

建立坚强自信的自我认识，是对嘲讽和伤害最好的抵御、反击。

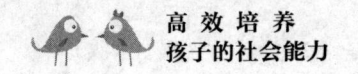

【高效培养要点】

原则一：教育孩子不嘲笑别人。

孩子对语言的掌控能力比较弱，有时候理解不全面，所以习惯模仿，有些话就显得不分轻重伤害到他人。比如，有些孩子从电视、网络学到一些嘲讽别人的话，就学给别人听。这时，家长应该对他及时教导。

尊重别人，不轻易嘲笑他人，也是对自己的一种保护。因为尊重人者才会受人尊重，在孩子的交友圈里，经常嘲讽别人的人，人际关系不会很好，对他同样是一种伤害。

原则二：理解适当的自嘲。

有些孩子的性格比较敏感，心理上对他人的措辞要求很高，经常产生一种微妙的"受伤害感"。此时，家长要引导孩子，理解适当的自嘲里隐藏的幽默，可以让孩子开阔心胸，变得更加豁达。

比如，父母在做错事时，不妨以幽默的态度在孩子面前主动自我取笑，以轻松的言语批评自己。孩子在潜移默化中也会受到熏陶，这样，未来面对相似问题时，他领会到自嘲的豁达，可以帮助他更好地稳定情绪。

原则三：教给孩子如何处理被嘲讽的情况。

当孩子被嘲讽时，大多数时候都表现为手足无措、委屈哭泣，而这种软弱的情绪发泄往往会给他招致更多的伤害。如果孩子不懂得处理被嘲讽的情况，就只能成为被害者，总是依靠家长出面并不是长久之计，所以父母要做孩子的导师，教他如何处理被嘲讽的情况。

有的嘲讽可以一笑了之，有的嘲讽可以不予理睬，有的嘲讽可以转移话题。如果是过分情况，表明自己的愤怒不满，以各种手段回击也是必要的。

原则四：让孩子建立正确的自我认知。

被嘲讽的孩子，往往会受到一定的心理伤害，这种伤害最大的负面影响不是在当下，而是在未来。

有些敏感脆弱的孩子，因为对这些事耿耿于怀，或者被伤害得太重，往往会在整个成长过程中都受到困扰，甚至影响自己的个性。

家长不能永远保护孩子不受一点儿伤害，那就要给孩子建立完善的自我认知，让他用自信和自我肯定作为最强的盔甲，隔绝外界的攻击。

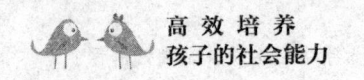

☆ 懂逆商：孩子被别人拒绝了怎么办

在孩子的成长过程中，许多家长都遇到过类似的苦恼：他想跟小朋友玩耍时，被对方拒绝了。

不同的孩子有不同的表现，有些天生就满不在乎地原谅了对方，有些则哭着跑到父母的怀里求安慰。

面对这种情况，如何应对呢？

当孩子哭着跑过来告状，是立刻抱着他安慰，还是拉着他去寻找那个讨厌的家伙"算账"？或者选择在另一个方面给予物质上的补偿，平息他的坏情绪？

不管是哪一种，父母的心情往往都是又好笑又纠结，既心疼自己的孩子被冷落被排斥了，又提醒自己不能跟小孩子计较。

实际上，孩子在成长的过程中，体会"被拒绝"是一种十分珍贵的经历，父母应当珍惜，而非小题大做。与其让孩子长大后才明白这个世界并不是围绕着自己转，被不断而来的打击击溃心理防线，导致整个人消沉起来，不如让他在小时候就进行足够的挫折教育。

体会被拒绝的感觉，学会处理和应对，是一种重要的逆商教育。

子航今年四岁了，父母的工作都很忙，平时主要是奶奶照顾他。老人家带孙子都很宠爱，生怕他在外面受委屈。

有一天，奶奶带子航去公园玩儿，小朋友特别多，热闹极了。子航看到认识的邻居小朋友萌萌在沙坑那边玩耍，就拿着自己的小皮球跑了过去，想让他跟自己一起玩球。

但是小朋友们正在堆沙堡，没有人想玩皮球，萌萌就直接拒绝了子航："我现在不想跟你玩皮球，我们忙着呢！"说完，他们继续堆沙子。

子航被拒绝之后有点儿手足无措，觉得特别失落，跑回到奶奶身边。奶奶当即心疼地摸摸子航的头，说："没事啊，他们不跟你玩儿，看奶奶帮你教育他们。"

原本子航只是觉得有点儿委屈，但现在有了家人的依靠，立刻控制不住情绪，哭了起来。看到这情况，奶奶更生气了，不过她也不能随便教育别人的孩子，只好拉着子航一边走，一边安慰："子航不哭了啊，没什么大不了的，咱们去吃冰激凌，我还给你买上次你想要的小风筝。萌萌不跟子航玩儿，以后咱们再也不找他玩儿了！"

子航被奶奶这样一安慰，觉得有道理，下决心再也不跟萌萌玩儿了。

这位奶奶在孩子被拒绝的时候，第一时间进行了安慰，但这并不是正确的态度——被拒绝并不是一件丢脸的事，我们越是安慰孩子，越会让他加深"被拒绝就是让自己受了委屈"的错误观念。其后，又为了给孩子出气，做出了错误的引导。

这就是"疼爱"孩子的错误方式。

许多家长都喜欢站在成年人的角度去分析孩子所遭遇的事。实际上，孩子思想单纯，行为直白，来自他的拒绝并不含有什么恶意，往往只是他此刻内心真实的想法。

所以，不必过分地揣测孩子为什么被拒绝了、是不是遭受了排挤或被别人欺负，这需要家长跟孩子沟通去了解事情的真相。

父母爱子，但也不能因为这种保护心态而不理智地对待孩子的遭遇。如果在孩子遭到拒绝时，先带入了父母自己的情绪，夸大孩子所受的委屈，往往会给他错误的引导，让他无法正确对待被拒绝这种事。

其实，被别人拒绝完全可以算作成年人的常态，说"不"的人不必觉得不好意思，被拒绝的人也不必觉得委屈。可很多成年人仍然因为个性问题难以接受别人的拒绝，时不时产生挫败感，甚至有激烈的情绪反应。

这样的人缺乏逆商，没有豁达的胸怀，人际关系往往也糟糕。这种性格的成因，便是在儿时没有培养"坦然接受拒

第七章
教孩子学会拒绝，就是最好的保护

绝"的心理认知。所以，在儿童时期教育孩子自己处理、消化、理解被拒绝这件事，很重要。

妈妈带小菲去她表姐家里玩儿，正好表姐晨晨在写作业，没有时间跟小菲玩儿。

一直很期待跟表姐一起玩的小菲特别失落，闷闷不乐地坐在一边。舅妈知道小菲的性格内向，没有特要好的同龄朋友，就喜欢表姐，所以就站起来说："没事菲菲，我让晨晨先不写了，也不差这一会儿，舅妈这就把姐姐叫来跟你一块玩儿！"

小菲高兴地抬起头来，说："好啊！"

妈妈却制止了："嫂子，别惯着孩子，等晨晨写完了作业再跟小菲一起玩儿也来得及。"然后，她认真地对小菲说："宝贝，你姐姐现在忙着写作业呢。你想想，你看动画片的时候，妈妈要是让你陪我出去买菜，你愿意吗？"

小菲想了想，说："我不愿意。"

"对啊，你有自己的事情在做可以拒绝妈妈，妈妈也知道你是爱我的。姐姐现在有事要做，得过一会儿才能跟你玩儿，但她还是喜欢小菲的，明白吗？"

小菲懵懂地点了点头，一想到自己曾经也拒绝过妈妈，她就有点儿明白现在该怎么办了，乖乖地对舅妈说："舅妈，等姐姐做完作业再玩儿吧，我等她。"

小菲最初被拒绝后之所以感到失落，是她迫切的期待没有立刻被满足。妈妈通过换位思考的方式让小菲理解，每个人都有拒绝别人的理由，并不是人人都要按照她的期待选择，而这种拒绝并不代表对方不爱她。

因为妈妈举出的例子能够让小菲理解，所以在被拒绝后，她可以很快恢复情绪。

这就能够让孩子懂得，每个人都有拒绝自己的权利，自己也可以拒绝别人，而这并不是一种伤害。那么，未来在与别人交往的时候，他就一定会用更加坦然、乐观、豁达的心态去面对。

【高效培养要点】

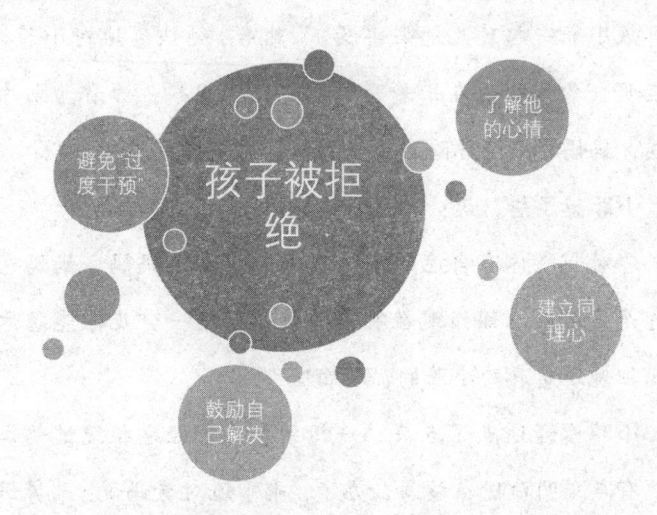

孩子被拒绝
- 避免"过度干预"
- 了解他的心情
- 建立同理心
- 鼓励自己解决

原则一：跟孩子沟通时避免过度干预。

我们可以去舒缓孩子的情绪，但不要干预孩子的选择。

比如，当孩子被拒绝时，家长不要插手去跟对方沟通，这是孩子自己的交际圈，他应该亲自处理问题。

被拒绝这件事是无法避免的，如果孩子不能在小时候就体会到这种滋味，并理解其中的意义，长大后又如何去消化这份"痛苦"呢？

只有让孩子从小就建立同理心，理解被拒绝并不代表自己受委屈，才能成长为坚强豁达的人。

原则二：慢慢帮孩子释放感情。

当孩子遭到拒绝时，内心可能会感觉到难堪、委屈或失落，更有甚者会哭泣；还有的孩子不愿意将这些事情告诉父母，觉得非常丢脸。这时候，家长千万不要着急地替孩子做主，也不要自以为然地脑补事实。

你可以试着问一些开放性的问题，让孩子自己思索答案，比如："你这么做，心里是怎么想的呢？""他现在拒绝你了，接下来你想怎么办？"让孩子先说出他自己的想法，再针对性地提出建议，而不是先提出建议——后者会让家长思索的结果掩盖孩子真正的想法，我们不一定能找到孩子的情绪本因。

原则三：从孩子的视角对话，培养他的同理心。

想要理解孩子的想法，就要从孩子的视角去看世界。

孩子可能因为别人不跟他玩儿难过，而成年人会觉得无所谓。如果我们用成年人无所谓的心态去处理孩子的情绪，你会发现自己永远跟不上他的思维，所以不如多与其沟通，明白他真正的想法，然后从他的视角出发去安慰和引导。

"我知道你很在乎你的朋友，他拒绝了你，但并不是因为他不喜欢你，可能只是这会儿没有时间陪你呢。"这样的话，总比"没有人一定要跟朋友天天在一起，一点儿小事你就别难受了"来得好。

原则四：鼓励孩子自己解决问题。

给孩子足够的肯定，让他明白，被拒绝并不是他做得不好。

当孩子已经理解了被拒绝这件事时，家长应该放手鼓励他去解决问题，通过询问，让他自己拿主意。在沟通的过程中，我们可以多问问题，把思考判断的余地留给孩子，而不是直接告诉他应该怎么做。

第七章
教孩子学会拒绝，就是最好的保护

☆ 开拓力：情商高，就是懂得拒绝

同样是拒绝别人的要求，为什么有的人说了，对方就能够理解，有的人说了却会让别人感到不快呢？

除了被拒绝者自身的性格因素外，拒绝的话术也起到了极大的作用。掌握合理的表达方式，礼貌拒绝别人，可以让对方理解你的想法，接受你的处理方式，不致因此而气恼。

这种技巧，我们应该从孩子小时候就开始培养。

一个高情商的孩子，一定有一对注重情商培养的父母。父母平时多注意孩子在沟通时的措辞，不要觉得孩子年纪小就忽略交流，培养双方沟通的思维方式，孩子才能在交往中下意识地掌握妥帖的沟通技巧。

小梦是个腼腆的小姑娘，平时不爱说话，别人也不知道她在想什么。

有一天午后，妈妈带小梦去公园玩儿，她拿出自己带的小铲子跟一个小朋友玩起了沙子，堆沙堡堆得很开心。一直到太阳快落山了，妈妈才对小梦说："咱们该回家了，跟小朋友说再见。"

小梦犹豫地说了再见，空着手转身就走了。原来，小朋友用她的铲子玩沙子玩得很开心，没有主动还给她。

"你怎么不要回来你的小铲子呀？"妈妈看见小梦空着手，就问道。

"我要了。"小梦抿抿嘴，"我说把铲子还给我，你拿走了以后我就不能玩儿了，他不愿意。"

妈妈想了想，问："那当时你跟他说，是因为咱们要回家了，你才想要回铲子的吗？"

小梦摇了摇头。

妈妈笑了："那你再去跟他说清楚，是因为什么原因你不能跟他一起玩儿了，如果你们还想玩儿，可以约定下次一起出来啊！"

小梦跑回去，照着妈妈教导的方式解释了她必须回家这件事，还告诉对方，今天很高兴认识他，下次一起玩儿。小朋友犹豫了一下，果然爽快地把铲子还了回来。

很多孩子在拒绝别人时，不懂得联系因果，解释原因，往往是单纯地告知结果。就像小梦一样，只是告诉对方不能再玩儿了，没有头尾，对方也很难理解她的举动，就容易激发他不配合。

所以，当要拒绝别人的请求或者提出异议时，一定要教孩子学会解释一下自己的"动机"。

第七章
教孩子学会拒绝，就是最好的保护

周末到了，爸爸允诺带程程去航天博物馆参观。

喜欢航天模型的程程非常期待，一大早就等着出门。突然，他接到了一个电话，原来是好朋友小辰问他，下午要不要一起去园博会，他妈妈多买了一张票，让他邀请小朋友一起去。

程程毫不犹豫地说："我不想去园博会，我想去看航天模型！"

小辰听后心情有点儿低落，倒也没说什么就挂了电话。

这时候，爸爸教育程程："好朋友专门来邀请你去园博会，虽然你不去，也应该先感谢他，不然他多失望啊？或者，你想不想与他一起去航天博物馆呢，也可以邀请他呀！"

程程想了想，好像是这样，高高兴兴地又打电话回去："小辰，谢谢你邀请我，我爸爸今天要带我去航天博物馆，所以我不能去。你想不想去看航天模型呢？我们可以一起去呀！"

其实，小辰去哪里玩儿都很开心，但他更想跟朋友在一起，所以高兴地答应了程程的邀请。

程程爸爸的拒绝建议是，一方面先感谢对方，表达了礼貌；另一方面，在拒绝对方提议的同时，给出另外一个备选，如果对方有想法仍然可以一起外出，就算对方不愿意，这种拒绝方式也比直截了当地说"不"更容易让对方接受。

孩子在儿童时期，模仿行为非常普遍，经常会从电视剧、动画片中找到自己喜欢的角色，模仿人物的说话方式、动作行为；或是身边常接触的老师、同学，都可能成为他的模仿对象。而孩子身边最亲近的父母，更是他首要的学习、模仿对象。

这就要求各位家长做好表率：孩子在是非观念不成熟时，非常容易被父母的行为影响。所以，家长要从细节上教导孩子有礼貌地拒绝别人。

【高效培养要点】

原则一：礼貌拒绝，也是保护友谊的一种方式。

有的孩子不擅长拒绝别人，是因为担心伤害到自己的朋友，所以我们需要让孩子明白两点：

第一点，就是拒绝别人也是保护他们的友谊。家长要告诉孩子，明确他自己在交友中的角色，让他知道什么是属于他的、什么是他应该做的。对属于自己的东西，他有明确的支配权，不仅可以拒绝朋友，也可以拒绝父母。

孩子当然要学会分享，但分享的前提应该是"双赢"。如果孩子心里不情愿却还不敢拒绝，长期来看就是对友谊的一种伤害，这一定要让他明白。

第二点，则是要让孩子懂得，拒绝的时候应该有礼貌。培养孩子的同理心很重要，他会体贴被拒绝者的想法，愿意用更加委婉、礼貌的态度对待对方。

原则二：在拒绝之前，感谢别人的好意。

如果是拒绝别人的邀请，那一定要告诉孩子，不要辜负别人的好意——拒绝的时候，应该让对方知道你感受到了这份好意。

"谢谢了，不过不好意思，我现在没有时间。"

"真棒，我也想去看看，可是我妈妈已经给我安排了钢琴课，不如下次我们一起去吧。"

"很高兴你能想着我，可是我现在要去上舞蹈课，陪不了你了。"

父母在跟孩子沟通时，要注意多使用这种礼貌言辞，潜移默化之间，孩子就会学会如何以妥当的方式呵护别人的好意了。

直接拒绝	礼貌拒绝
我不会。	我不太清楚，XX也许能帮你。
没时间。	我没时间去，太遗憾了！
不用了。	谢谢！不过暂时不用……

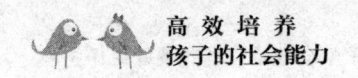

原则三：拒绝的同时，再给出一个替代性选择。

有时，一件事不一定只有答应或拒绝的结果，还可以提供另外一个可能。比如，当其他小朋友想要玩孩子的玩具时，并不一定只有"给你玩"或"不给你玩"的选项，也许孩子更倾向于"咱们一起玩"。

所以，在引导孩子学会拒绝时，也要开拓他的思维，不要局限在一个简单的结果上。拒绝一个提议，完全可以提出另外一个提议让对方考虑，这也是一种深入沟通的表现。

一个会拒绝且有礼貌的孩子，一定有足够的情商，因为他懂得在呵护别人感情的同时，保护自己的权利。

☆ 去信任：引导孩子，关注和保护自我诉求

当孩子开始拒绝别人，甚至尝试着拒绝父母的提议时，有些家长会觉得格外懊恼，认为这是孩子不听话的表现。

但请你不要惊慌，因为这意味着孩子开始有了自我思考的能力，他有了强烈的自我诉求，并愿意为这种诉求而反抗

第七章
教孩子学会拒绝，就是最好的保护

在他眼中十分权威的家长，提出自己的意见。

在某种程度上，我们应当尽可能地保护孩子的诉求，尊重他的选择和意见。

只有当家长接受了孩子的拒绝，并不因此而恼羞成怒，孩子才有勇气拒绝陌生人，才有勇气在更加严苛的环境里保护自己的权益。

当孩子开始表现出独立性，愿意自己思考，并根据结果去做出选择时，你应该感到惊喜。不管这选择的结果是好是坏，也不管他的选择是否与父母相同，你都应该鼓励他去尝试。

⬅ 孩子的选择 ｜ 父母的选择 ➡

在少年宫举办的活动中，小茹被选为小记者代表，有机会在暑假时去北京学习培训。妈妈虽然觉得这是一件好事，但假期她给小茹安排了英语培训和舞蹈课，正好跟此次活动时间冲突了。

想到这种机会以后也会有，而且很多培训的水平参差不齐，妈妈就决定帮小茹推掉这个活动。没想到小茹知道后，态度十分坚决,拉着妈妈不让她给少年宫的老师打电话。

"妈妈,我想去参加这个活动,因为只有代表才能去,好多人都没选上呢!"小茹虽然知道妈妈的话有道理,这个培训活动不一定非常好,但她还是非常想参加。

"哎呀,你这孩子怎么不听话呢?"最后,妈妈生气地说了实话,"课外班都给你报名了,不去的话钱也退不了,你是答应也得去,不答应也得去,知道吗?"

小茹只能服从了妈妈的安排,但她感觉妈妈根本不尊重她。

伴随着孩子逐渐长大,他会越来越有主见,遇到事情不再只听从父母的安排,这就是成长的标志。只有孩子愿意主动表达意愿,愿意做决断并为自己的选择负责,他才能成为一个有想法的人,继而才会拥有丰富的创造力。

所以,当孩子开始表达出与父母不同的看法时,千万别觉得他这是在"反抗"家长的权威,你应该为此感到开心,并尊重他的选择。因为,父母的选择未必是对的,孩子的选择未必是错的,我们不能用成年人的思维去安排孩子的路,那会圈住孩子的未来。

尊重孩子的拒绝,采纳孩子的想法,不按照自己的方式安排他的人生,有时候不是说说那么简单的。

面对孩子极有可能是"错误"的选择,我们是否应该纵容?如果孩子习惯依赖父母,压根儿不愿意自己做选择怎么办？这些问题，我们都应该在教育时一一解决。

【高效培养要点】

方法一：当孩子不知道该怎么做时，父母要加以引导。

当孩子刚开始做决定和选择时，他可能不知道该怎么做，会下意识地听从父母的想法。

家长千万不要在孩子投来求助目光的时候，就将一切大包大揽，你只能成为一个建议者，分析孩子到底想什么，辅助孩子完成一次选择的流程，让他在下一次可以自主做判断。

方法二：尊重孩子对父母的拒绝。

有些父母对孩子只教会了书本上的道理，一边说着"拒绝别人并没有错"，一边在孩子拒绝自己的要求时感到恼火。实际上，孩子不正是学着我们教的样子，去尝试着说"不"吗？

言传身教，就是孩子勇于拒绝别人时，我们首先应该响应，至少尊重他的选择。

方法三：给孩子选择权，就是给他信任。

很多父母不愿意让孩子自己做选择，就是因为觉得孩子

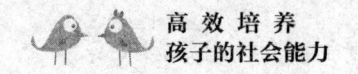

"太小了""什么都不懂",这就是一种不信任的论调。当你低估了孩子的能力,过早地将他圈在你认为的能力范围内,孩子就无法做出让你惊喜的成就。

当然,必要的时候我们还是要给孩子合理的建议,关键时刻这种建议还可以"强硬"一些,防止孩子真的做出错误的选择危害到自己。

方法四:欣赏孩子选择的结果。

孩子做出选择之后,其实是期待父母肯定的,所以我们要学会欣赏他选择的结果。

创造力是怎么来的?就是孩子敢于做出与别人不同的选择,这必然源于孩子在某方面的自信。

自我选择就是一种探索,既是对人生的探索,也是对世界的探索。这样的探索机会在成长过程中非常珍贵,是一次不能重来的旅程。既然如此,我们就应该尊重孩子的选择,他才能在培养起选择能力之后拥有创造力。

第七章
教孩子学会拒绝，就是最好的保护

☆ **深陪伴：高效陪伴，保护孩子的质疑精神**

总有一些孩子看起来真的很像怀疑论者，有些时候，你会发现他对生活中一切可能产生疑问的事情都会提出质疑。

"我不知道你说的到底是不是真的。"

"真的对吗？我不太相信。"

"我想了一下，我觉得也许另一种方法更好。"

当面对孩子的这些质疑，很多父母觉得这就是不乖巧的孩童。更有甚者，觉得孩子这是不服管教，或者试图挑战父母的权威。然而，事实真的如此吗？

孩子爱质疑，其实是一件好事。

在以前，我们习惯给孩子灌输"权威者说的就是对的"理念，父母的权威也会通过这种方式树立。这当然有好处，孩子会信赖父母，变得听话懂事，但也会产生错误的印象——无论任何时候，相信权威、不反抗长辈都是对的。

当我们将错误的理念传达给孩子时，如果孩子没有质疑精神，总是一味相信，他就将我们的错误复制下来了。

有这种想法的孩子，往往缺乏挑战的勇气和钻研精神，习惯服从，习惯听别人的话。

想让孩子成为比父母更加优秀的存在，想让他创造出我们所不能的成就，想让他以更有眼界的态度去看待人生，就不能让孩子被父母的现有成就所局限。

所以，我们不应该让孩子一直听信自己，他愿意质疑，正意味着他开始产生了自己的思考和判断，意味着他正在长成一个独立的人。

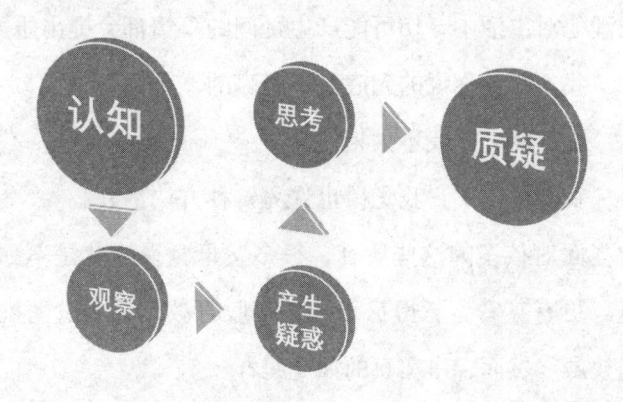

认知 → 思考 → 质疑
↓   ↑
观察   →   产生疑惑

小夏妈妈是个博学多才的人，平时也想将孩子培养成一个有知识、有才华的人，所以总是抓紧一切机会给孩子进行"科普"，这让小夏小小年纪就懂得了许多。

比如，跟妈妈一起去油菜田里，小夏就会知道油菜花是什么样的，什么小虫子是它的敌人，什么小虫子是它的朋友，这让他在知识层面上比很多小朋友都强。

慢慢地，小夏开始有了自己的思考，也会对妈妈提出的

第七章
教孩子学会拒绝，就是最好的保护

问题进行反驳。比如，妈妈说阴天要下雨了，小夏就说道："妈妈说得不对，阴天了不一定会下雨。"

妈妈感到很意外，问："你为什么这么说呀？"

小夏说："上次去奶奶家，阴天了就没有下雨。"

妈妈哭笑不得，最后只好总结为"孩子实在是太实诚了"，连这么一个小问题都要挑错。

一个孩子能有这样质疑的勇气和尝试，并且给出另一种合理的解释，是非常值得鼓励的，这说明小夏去观察了，去思考了，而且得出了独立思考的结果。

这就是我们所需要的创造力。每一个有创造力的人都敢于跳出框架去思考，只有这样，他才能做出跟别人不同的判断，或者产生跟别人不一样的想法。

小萌是个比较内向的孩子，平时不爱表达自己的想法，归根结底还是因为有一个强势的妈妈。在家里，小萌的一切时间都被妈妈安排好了，只要她有什么不同的意见，妈妈就会通过各种方式驳回，根本不尊重她的想法。

哪怕是生活中的小事，小萌也很少有机会表现自己的意愿。比如，早上，妈妈要小萌穿着红色的外套去学校，但是小萌就想穿前几天刚买的黄色外套。她难得坚持着对妈妈说："妈妈，红外套上次穿了还没有洗，我就穿黄色外套吧，这两天穿正好。"

妈妈却习惯了给孩子安排一切，自发地将小萌的诉求当

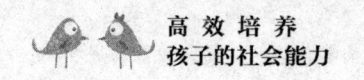

作"孩子喜新厌旧",不仅没有答应,还教育了小萌一顿:"难道有了新衣服就不想穿旧的了?你这个坏毛病是谁惯的?"

看到妈妈生气了,小萌立刻不敢说话了,不敢再提穿新衣服的事了。

这样的家庭教育,就是在有意识地树立家长的权威,这对培养孩子的质疑精神非常不利。

事实上就是如此,小萌不仅没有质疑的勇气,而且连跟妈妈表达自己意见的想法都没有,这是因为妈妈对她实在是太严苛了。

如果我们能尊重孩子的质疑精神,让孩子在一个宽松舒适的环境当中成长,就可以让他的创造力得到全面的提升。

【高效培养要点】

原则一:让孩子的质疑来得更多一点儿。

我们对孩子的质疑精神应该抱有一种态度,那就是让它们来得更多一些。敢于质疑的孩子,意味着他敢于挑战权威,不会被现有的规则所束缚,才能跳出已有的框架去思考、去尝试,创造力就是这样产生的。

其实,那些不会创造的人未必没有能力,但他习惯了生活的固定圈子,习惯了认同规则。他并不认为自己的规则和框架是有错的,所以压根儿就没有过创新的想法,也就错失了创造的机会。

原则二：给孩子胆量去质疑。

虽然我们经常说要消除父母的权威性，但成年人在孩子的心中本身就具备不可消除的权威优势，尤其是父母这样独特的存在——哪怕你再坚持跟孩子平等做朋友，大多数时候孩子也是将父母看作权威的，而这就在无形当中限制了孩子的思维。

当孩子对某件事情产生了与我们不同的看法时，哪怕他只是稍有犹豫并没有表现出来，你也要去关注，并且引导他说出自己内心真正的想法，要对孩子"敢说"这一方面进行肯定。

这就是给孩子质疑的胆量。有了底气，孩子才敢大胆表现出自己的想法，才敢自由自在地想象。不过需要注意的一点是，质疑精神应该是有理有据的，不是在纵容孩子不尊重长辈，二者之间的区别一定要把握好。

原则三：给孩子一个质疑的机会。

很多时候，孩子之所以没有质疑精神，是因为平时压根儿没有质疑的机会——在孩子产生疑问时，就将正确答案送到他面前。

我们要给孩子一点儿时间自行思考，然后多给他答案让

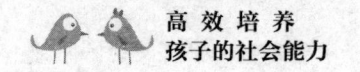

其选择。在孩子已经熟知的问题上，我们甚至可以故意选择一个错误的答案来考验他，看看他是否能坚持自己的想法，还是愿意顺从父母。

这样的次数多了，孩子就会明白，父母的选择不一定是对的，他就敢于对父母提出质疑。

原则四：让孩子懂得提问题去质疑的重要性和方法。

我们都知道质疑精神是创造力的基础，但孩子未必明白这一点。当他长大一些具备一定理解力的时候，父母在教育的过程中就可以将为什么要这么做告诉他，让孩子自己理解，并体会到质疑精神的重要性。

只有知其所以然，孩子才能更好地知其然，让他懂得自己行为背后的影响力，能让他更加积极地去质疑。

培养孩子的质疑精神，并不是让他学会唱反调。一定要让他明白，质疑应该是有理有据的，是科学的，是发自内心的真实想法。

有些孩子会为了特立独行吸引别人的目光，故意跟别人唱反调，则是无理取闹。